Quem tem medo de falar sobre drogas?
Saber mais para se proteger

Gilberta Acselrad (org.)

Quem tem medo de falar sobre drogas?

Saber mais para se proteger

FGV EDITORA

Copyright © 2015 Gilberta Acselrad

Direitos desta edição reservados à
EDITORA FGV
Rua Jornalista Orlando Dantas, 37
22231-010 | Rio de Janeiro, RJ | Brasil
Tels.: 0800-021-7777 | 21-3799-4427
Fax: 21-3799-4430
editora@fgv.br | pedidoseditora@fgv.br
www.fgv.br/editora

Impresso no Brasil | *Printed in Brazil*

Todos os direitos reservados. A reprodução não autorizada desta publicação, no
todo ou em parte, constitui violação do copyright (Lei nº 9.610/98).

Os conceitos emitidos neste livro são de inteira responsabilidade dos autores.

1ª edição — 2015

Preparação de originais: Débora de Castro Barros
Diagramação: Ilustrarte Design e Produção Editorial
Capa: Humberto Nunes
Revisão: Fernanda Mello | Frederico Hartje

Ficha catalográfica elaborada pela
Biblioteca Mario Henrique Simonsen

Quem tem medo de falar sobre drogas? : saber mais para se proteger / Gilberta
Acselrad (Org.); Maria Lucia Karam... [et al.]. — Rio de Janeiro : Editora
FGV, 2015.
164p.

Inclui bibliografia, endereços úteis, índice de perguntas e temas.
ISBN: 978-85-225-1629-2

1. Drogas. 2. Drogas — Abuso. I. Acselrad, Gilberta. II. Karam, Maria Lucia.
III. Fundação Getulio Vargas.

CDD — 362.29

Sumário

Prefácio. Por que é tão difícil falar sobre drogas?   7
Pedro Abramovay

Apresentação   11

Para início de conversa   15
Gilberta Acselrad

Drogas... Desde quando existe essa história?   31
Rita Cavalcante e Gilberta Acselrad

Drogas... Que efeito isso tem?   47
Sergio Alarcon

Quem usa? O que usa? E por que usa?   59
Gilberta Acselrad

Por que é proibido?   71
Maria Lucia Karam

Quando a questão se agrava, o que pode acontecer?   85
Sergio Alarcon

Quem usa drogas, o que pensa sobre isso?   103
Rita Cavalcante e Gilberta Acselrad

Profissionais de saúde tratam, mas o que pensam sobre isso?   115
Flavia Pfeil

E isso tem jeito?   131
Gilberta Acselrad e Flavia Pfeil

O que fazer? Como ajudar?   141
Gilberta Acselrad

Referências	143
Onde buscar ajuda? Endereços úteis	147
Índice de perguntas	151
Índice de temas	159
Autores	163

PREFÁCIO

Por que é tão difícil falar sobre drogas?

Sexo já virou assunto corrente. Política, religião, outros tabus há algumas décadas ainda podem incomodar, mas claramente o debate pode ser feito de maneira relativamente livre e bem-informada. Drogas, não. Admitir que as pessoas consomem e vão continuar consumindo drogas, por mais óbvio que possa parecer, ainda é algo que se tem dificuldade de fazer em público.

O que as drogas fazem com o corpo humano? Não faz muito tempo, uma propaganda americana mostrava um ovo sendo frito e em seguida a frase: "Isso é o que a droga faz com o seu cérebro". É mesmo? A droga frita o cérebro? Não, era uma metáfora. Uma metáfora que tentava dizer o que exatamente? O que a droga faz com o cérebro? Uma campanha como essa ajuda a responder a essa pergunta?

Falar sobre drogas não costuma ter muito a ver com responder a perguntas. A cultura mais corrente é a de vender respostas. Respostas a perguntas não feitas. Respostas que não aceitam perguntas de volta. Respostas que não iluminam, não esclarecem. Por quê?

O mundo fez uma aposta há cerca de 50 anos. Se toda a energia repressiva do mundo fosse canalizada para proibir as drogas, seria possível eliminar as drogas do mundo. Como toda aposta, poderia ter dado certo ou errado. Deu errado.

O mundo consome mais drogas do que consumia antes. Drogas mais perigosas e sem controle de qualidade, o que pode resultar em efeitos colaterais imprevisíveis, indesejáveis. E somaram-se aos problemas das drogas muitos outros, como a violência e a desigualdade na distribuição dos danos causados pelas drogas.

Muitas apostas feitas pela humanidade já deram errado; essa não seria a primeira. A evolução humana passa por apostas que deram certo ou errado. Mas, justamente, o que faz com que possamos evoluir é nossa capacidade de perceber que algumas apostas deram errado e tentar construir caminhos alternativos. A grande perversidade na aposta da guerra às drogas é que ela foi construída de forma a impedir que se considerasse a possibilidade de suas premissas estarem erradas. Quando se cria uma política pública sem os canais para avaliar se as escolhas sobre seu desenho foram certas ou erradas, saímos do espaço democrático para entrar no debate ideológico.

A guerra às drogas se construiu como uma ideologia, uma série de postulados que criam uma visão de mundo que não pode ser questionada ou debatida. "Devemos buscar um mundo sem drogas." Mas e se isso não for possível? E se os custos dessa busca superarem os prejuízos? Quando se trata de uma ideologia, perguntas como essa não são feitas. Acredita-se que não devam ser feitas.

A construção de uma política pública com base numa ideologia é mortal para a democracia e para seu sucesso. Dessa forma, dificulta-se a construção de um pensar e agir conscientes que realmente promovam a proteção do bem-estar.

Uma política de drogas deveria, por objetivo, buscar saúde, segurança, convivência pacífica e criativa entre as pessoas. Nada disso é medido. Os objetivos não são considerados, e o que se mede é apenas se a ideologia está sendo aplicada corretamente; não se mede se a política está dando certo. As métricas de uma política de drogas "correta" são as toneladas de droga apreendidas, o número de presos, o número de mortos (sim, até isso vira métrica de sucesso), o número de leitos (nunca o número de pessoas saudáveis). Se continuarmos assim, nunca compreenderemos nossos erros.

Nesse contexto, a construção de uma política de drogas melhor, mais eficiente e mais humana passa, em primeiro lugar, pela mudança na maneira como debatemos o tema. Romper a cegueira e a censura que nos impedem de fazer as perguntas certas para buscar boas respostas é a mais urgente das missões para quem acha que nossa sociedade não lida de maneira adequada com o tema das drogas.

A maior dificuldade em mudar a embocadura desse debate vem do fato de já termos duas gerações que se formaram sob a ideologia da guerra às drogas.

O pensamento enviesado sobre esse tema já quase entrou no DNA político de nossa sociedade. Conseguir a abertura para que outras visões sobre o tema sejam consideradas é tarefa árdua. Compreendendo esse pano de fundo, um livro como este ganha enorme relevo. Em primeiro lugar, por rediscutir e reinventar a maneira de abordar a questão das drogas com crianças e adolescentes. O modelo do "ovo fritando" não produziu nenhum efeito positivo no sentido de gerar adolescentes — e adultos — mais responsáveis ao lidar com o tema. Este livro, ao enfrentar o tema com seriedade, responder a questões a partir de fatos, e não de preconceitos ideológicos, pode cumprir um papel fundamental ao abrir caminho para uma prevenção séria na política de drogas. Fosse apenas esse o resultado do livro, já seria indispensável para escolas, pais e todos que querem discutir o tema das drogas a sério com a juventude.

O livro, contudo, tem ainda outro papel que me parece mais relevante: iniciar os debates com base em perguntas. Afinal, são justamente as perguntas as verdadeiras ausentes do debate público sobre drogas.

E não são quaisquer perguntas. São perguntas feitas por jovens, crianças e adolescentes que começam a entrar em contato com preconceitos e dogmas desse debate, mas que não necessariamente os incorporaram a ponto de se tornarem surdos a ele. Perguntas tão óbvias e tão certeiras que não são feitas, quando somente elas podem desconstruir os muros de preconceito que a ideologia da guerra às drogas construiu e que impedem um debate aberto e construtivo sobre o tema.

O livro não tem como público-alvo apenas aqueles interessados na educação ou na prevenção do uso de drogas junto a crianças e adolescentes. Suas perguntas interessam a todos que não acreditam que nossa sociedade lida bem com o tema das drogas e que, portanto, deve se abrir para compreendê-lo melhor — e sem preconceitos — e, a partir daí, buscar respostas mais efetivas e mais humanas.

Além disso, o livro conta, como autores, com uma equipe de estudiosos em cada uma de suas áreas de conhecimento. Isso permite que, com base em perguntas aparentemente simples, se descortine para o leitor um mundo complexo e novo no qual o bom debate sobre o tema das drogas deve ocorrer.

Pedro Abramovay

Professor da FGV Direito Rio de Janeiro
e diretor para América Latina das
Open Society Foundations

Apresentação

Este livro foi escrito para adolescentes e jovens, como também para seus pais e professores. Isso porque foi organizado com base num repertório de 156 perguntas formuladas por estudantes do ensino fundamental e médio de algumas escolas públicas e particulares do estado do Rio de Janeiro, com idade entre 14 e 17 anos, no período de 1990 a 2012.

Nos anos 1990, já era comum a prática de fazer palestras sobre drogas nas escolas. A demanda era feita em geral pelo corpo docente, quando mobilizado por um flagrante de consumo ou por comentários de algum estudante que dizia "já experimentei todas"; pela suposta ou explícita circulação de drogas, externa ou internamente ao espaço de ensino; pela dúvida em garantir a matrícula de um estudante que aparentemente usava drogas (ainda que não no espaço da própria escola) ou optar por sua transferência. Diante dessas situações, os professores buscavam apoio externo junto aos especialistas no tema. Respondendo a demandas como essas, em distintas ocasiões, tentamos subverter a antiga prática: em vez da costumeira palestra magistral, tradicionalmente centrada nos produtos ilícitos e em seus efeitos danosos sobre o sistema nervoso central, optamos por recolher, previamente, as perguntas dos estudantes e, no dia marcado para o encontro, estabelecer um diálogo, respondendo a cada uma delas. O número de perguntas recolhidas sempre ultrapassava o tempo previsto para a atividade, e, não raras vezes, voltávamos à escola para mais uma rodada de discussão. Pouco a pouco começamos a colecionar as perguntas e, neste livro, respondemos a uma parte importante desse vasto repertório.

Na adolescência, correr riscos, enfrentar desafios, testar a capacidade de controle sobre si, ter atitudes *que são* privilégio dos adultos faz parte do crescimento. O uso de drogas é um exemplo de comportamento de risco. Assunto de quase todos os dias na mídia, ora é visto como doença a ser tratada, ora como caso de polícia. Na escola e em casa é difícil falar sobre o tema. Os adultos, pouco informados, tendem a imaginar que todos os adolescentes usam drogas ilícitas. Se um adolescente é mais rebelde, se não presta atenção às aulas, se anda meio isolado dos colegas — atitudes bastante comuns nessa fase da vida —, logo tende a ser visto como quem usa drogas. Entretanto, na adolescência são diversos os problemas, e a droga é apenas um entre muitos. Cada adolescente é diferente do outro, com suas experiências, suas famílias, suas crenças, seu grupo social.

É curioso lembrar que, quando se é criança, as histórias infantis são cheias de poções mágicas e de heróis que recorrem a elas para superar seus problemas. Com elas, *Alice*, pelo menos *no país das maravilhas*, crescia, diminuía, aprendia a superar os obstáculos, aprendia a enfrentar a vida. Outras personagens, menos sabidas, menos informadas, como a *Branca de Neve* e a *Bela Adormecida*, comiam maçãs envenenadas, não sabiam mexer nas rocas e, quando se aventuravam, adormeciam, ficavam entorpecidas, até que *um príncipe* aparecia para salvá-las. *João e Maria*, abandonados pelos pais, descobrem a casa de chocolate, são engordados pela bruxa que quer comê-los, mas as crianças, fortalecidas pelo doce, jogam a megera na fogueira e, pela rota das pedras deixadas pelo caminho, retornam aos braços dos pais. *Popeye* comia espinafre para ficar forte e vencer a briga. *Super--Homem* invocava poderes e salvava o mundo. *Peter Pan* e *Sininho* voavam, fazendo o tempo parar. Mas o tempo passa e, quando crescemos, a história é outra; as poções que antes ajudavam tornam-se perigosas.

A droga, contudo, faz parte da experiência humana, da cultura; portanto, é preciso falar sobre ela, saber mais, para poder se proteger. A produção, o comércio e o uso de quaisquer drogas implicam riscos cuja percepção mudou ao longo da história. O que ontem se usava, mesmo para curar doenças — a heroína, a cocaína —, hoje virou um *bicho de sete cabeças*. O que já foi proibido — o álcool, o tabaco — hoje é consumido, muitas vezes sem o devido controle. O problema *da droga* não existe em si, mas é o resultado do encontro de um produto, uma personalidade e um modelo sociocultural. Isso quer dizer que qualquer pessoa, a qualquer momento da vida, poderá encontrar em seu caminho alguma substância psicoativa, mas a maioria não ficará doente por isso, não terá maiores problemas, o que significa dizer que, diante da droga, não existe um destino igual para todos.

No passado, a convivência com as drogas não foi tão problemática, mas, a partir do século XX, tudo mudou. Representantes de todos os países do mundo se reuniram em várias conferências internacionais e decidiram tornar ilícitas algumas drogas até então consumidas legalmente. A partir daí, a política de drogas passou a combater a produção, o comércio e o uso dessas substâncias com o objetivo de criar uma sociedade sem drogas, sociedade que de fato nunca existiu. A questão, que já era complexa, tornou-se mais complicada. A política repressiva, violenta, no caso das drogas ilícitas, e/ou negligente, nos casos de álcool, tabaco e medicamentos psicoativos, com circulação legal, resultou numa educação cheia de impasses. Em vez de ensinar aos adolescentes a refletir e a agir de forma a se proteger, fortaleceu- -se a política hoje de prevenção — proibir, vigiar — e também a de punição, o que não só não resolveu a questão como criou preconceitos, *pré-conceitos*, comprometendo a relação entre professores/pais e adolescentes. De maneira geral, passaram a predominar os mistérios, a discriminação e a repressão.

Neste livro, não tivemos medo de falar sobre drogas. Abrimos espaço para escutar e acolher dúvidas e opiniões dos adolescentes. Nelas, percebem-se a curiosidade e a seriedade das questões que, de forma recorrente, manifestam uma preocupação com a gestão do que é de interesse público. Sem fazer em absoluto a apologia das drogas, afinal todo uso implica riscos muitas vezes graves, optamos por informar com base em dados científicos e afirmar a importância de estar atento, de se proteger, reduzindo danos. Dessa forma, a proposta deste livro caminha na contramão da política repressiva, que, na prática, muitas vezes cai em descrédito.

A atualidade das perguntas surpreende e preocupa, porque sinaliza que a política de drogas em nosso país parece não estar correspondendo à realidade atual e ao tamanho dos problemas criados. Nossa intenção, com este livro, é, portanto, contribuir para a formação de adolescentes esclarecidos e fortalecidos em seu projeto de futuro, e que, assim, estarão mais bem-preparados para tomar as decisões que afetam suas vidas.

Por se tratar de uma produção coletiva, agradecemos a todos os que contribuíram para este livro e acompanharam sua elaboração.

Dedicamos este livro a Raiana Micas Macieira e a todos os jovens que — na tentativa de transver o mundo — buscam respostas, desafiam o que está posto como natural.

A organizadora

Para início de conversa

Há uma tendência a mencionar apenas as drogas que são proibidas por lei e as que fazem mal. Fala-se dos danos que elas podem causar à saúde, das possibilidades de tratamento, da violência que cerca o consumo, mas não dos motivos, do contexto de uso, de por que hoje se tornaram um problema tão grave e, sobretudo, do prazer da experiência.

Com o intuito de facilitar o que já começa com dificuldade, os livros sobre drogas têm sempre um capítulo inicial, chamado de princípios básicos, no qual se definem conceitos, antes de entrar propriamente no tema. Aqui identificamos algumas perguntas que sugerem a compreensão de que o assunto tem muitos lados e que é preciso *pôr os pingos nos is* antes de aprofundar outras questões. Vamos lá?

O que eu quero saber sobre drogas? Tudo. Não quero saber nada sobre drogas. Droga é um assunto que não passa pela minha cabeça. Não sei nada...

Tem gente que quer saber tudo sobre drogas, outros acham melhor não saber nada... Será que não passa mesmo pela cabeça das pessoas o que é tão falado hoje em dia? Não será melhor satisfazer à curiosidade para formar melhor nossas opiniões?

Precisamos falar de todas as drogas, não só das proibidas por lei, mas também do álcool, do tabaco, dos remédios — que têm sua produção, sua comercialização e seu uso permitidos, sendo vendidos em farmácias, bares, supermercados. E precisamos falar sobre os agrotóxicos, os fertilizantes, que têm em sua composição substâncias psicoativas que intoxicam os trabalhadores e as comunidades próximas à produção agrícola e industrial e que, muito raramente, são tratados como drogas.

Adultos são formados na crença de que devem saber tudo sobre tudo e, quando não têm informação ou têm dúvidas, não sabem o que fazer. Pais e professores ficam inseguros, acham arriscado falar sobre drogas com os jovens, têm medo de perder a autoridade; portanto, evitam a discussão. Quando alguém em casa experimenta, fica mais difícil ainda falar. Na escola, os professores também costumam evitar o assunto. Muitos fazem cursos especializados, mas são raros os que se sentem suficientemente preparados para falar. Todo mundo vê, mas fica aquele não dito, e ninguém sabe o que fazer.

Em vez de ficar perdido entre mitos e mistérios, procure se informar. Afinal, elas estão em toda parte. Converse, em casa, com seus pais; na escola, com professores e amigos. Informe-se, coloque suas dúvidas, suas impressões. Não aceite meias-verdades. É melhor que a droga *passe* por sua cabeça, pois só assim você poderá decidir o que fazer de forma consciente. Não saber nada sobre drogas é muito arriscado.

Droga, o que é? A droga é uma droga? Usar drogas é prazeroso? Quando começa o prazer de usar drogas?

No passado, droga designava as substâncias usadas na alimentação e na medicina. Dependendo da quantidade, curava ou se tornava veneno. Dava prazer, aliviava a dor. É curioso lembrar que pimenta, cravo, canela, gengibre, açúcar e tabaco, substâncias chamadas de especiarias, eram consideradas drogas nos séculos XVI e XVII (Carneiro, 2005). Segundo a Organização Mundial da Saúde (OMS), droga psicoativa é toda substância química que, introduzida no organismo por qualquer via de administração, pode alterar o comportamento, o humor, o conhecimento (OMS, 1974). No sentido figurado, significa coisa de pouco valor, desagradável. Dizer que a droga é uma droga não esclarece, mas confunde perigosamente, porque quem usa e se sente bem deixa de se preocupar com os riscos, que são reais, ainda que eventuais. Droga é algo muito sério!

Além de maconha, cocaína, heroína, LSD, crack, tão falados, existem outras drogas, que, na verdade, são as mais consumidas pela população brasileira: bebidas alcoólicas, tabaco e remédios psicoativos (tranquilizantes, moderadores do apetite, anabolizantes, entre outras). Há também as drogas de uso involuntário, como os agrotóxicos (Werner Falk, 1996), utilizados na agricultura, e o mercúrio metálico (Pacheco-Ferreira, 2005), no processo industrial de cloro-soda. Pouca gente fala sobre elas, no entanto a exposição a essas substâncias compromete a saúde não só de quem as manipula diretamente, como também das comunidades que moram no entorno de onde são usadas.

No que se refere ao prazer, tem gente que sente logo na primeira vez que ingere uma bebida alcoólica ou fuma um cigarro; outros descobrem o prazer com o tempo de uso, dizem que aprenderam a gostar. Às vezes, o prazer é intenso e a pessoa busca renovar o que sentiu. Algumas pessoas não têm problemas e usam de forma controlada. Mas o prazer pode se tornar tão importante e exclusivo a ponto de passar a ser o único interesse na vida de alguém, que então terá se tornado dependente. Isso vale para as drogas lícitas e ilícitas. Em relação às drogas de uso involuntário a que nos referimos, não há nenhum relato de prazer. A intoxicação é progressiva, e os danos à saúde são, por vezes, mortais, sem que a pessoa tenha consciência do que lhe causa mal.

"Diga não às drogas." "Drogas, nem morto." Por quê?

Essas duas frases são muito usadas pelas campanhas de prevenção às drogas ilícitas. Têm como objetivo adestrar os jovens a se manterem longe das drogas. O adestramento não pressupõe uma reflexão inteligente; é simples resposta automática, deixando a pessoa indefesa diante do acaso, dos imprevistos que são recorrentes. É preciso estar vivo, atento, bem-informado, refletir para poder fazer escolhas com consciência e que nos protejam de problemas. No dia a dia, é isso mesmo o que a maioria das pessoas faz, por exemplo, quando bebe socialmente, sem que isso prejudique sua vida, seus estudos, seus afetos, seu trabalho. Com orientação em casa, na escola, no trabalho, e contando com uma política de drogas que esteja a seu lado, você poderá ter condições de reduzir os eventuais danos.

O objetivo da frase "diga não às drogas" é prevenir a primeira experiência. É uma frase de impacto. Parte-se do princípio de que as pessoas precisam ser treinadas a recusar as drogas ilícitas para que se consiga construir "um mundo sem drogas". Mas uma sociedade sem drogas nunca existiu. E se as drogas de maior apelo são permitidas por lei, como minimizar sua incidência? O que fazer se algumas pessoas não conseguem, não podem, não querem deixar de usar? As campanhas tradicionais de prevenção que têm como objetivo exclusivo a abstinência não consideram essas questões, e quem não consegue "dizer não às drogas" fica à margem de informação e ajuda, essenciais para prevenir danos. Campanhas alternativas[1] esclarecem quando sugerem frases como "quem faz a minha cabeça sou eu, não a droga", mas por vezes caem na armadilha do preconceito quando afirmam que "o usuário de droga é responsável pela violência do tráfico". De fato, a proibição de certas drogas criou o comércio ilícito e suas consequências violentas. Divulgar que a *droga é uma merda* confunde, porque não leva em conta o prazer que muita gente sente ao usar. A mensagem assim descaracteriza o alerta que é importante, afinal o uso de drogas implica riscos.

Ampliar o debate sobre drogas vai ajudar as famílias e os professores que têm crianças e adolescentes sob seus cuidados. Considerada uma alternativa à política de "diga não às drogas", a redução de danos decorrentes do uso de álcool e outras drogas se dirige a todos, promove reflexão e ação com o objetivo de reduzir danos causados pelo uso de qualquer droga. Trata-se de uma prevenção possível, na medida em que a erradicação do uso não tem registro na história. Esse programa promove saúde sem preconceito.

"Diga sim ao sexo seguro." Por quê?

Essa é uma frase usada em campanhas de prevenção das doenças que podemos ter fazendo sexo. Essas campanhas falam da importância do uso da *camisinha*, do preservativo masculino/feminino como forma de evitar danos decorrentes de fazer sexo sem proteção. Dizendo sim ao sexo seguro, podemos transar sem medo de uma gravidez indese-

---

[1] Campanha antidrogas realizada pela prefeitura do Rio de Janeiro nas ruas da cidade. Cartazes de autoria do cartunista Ziraldo (2000).

jada e das doenças sexualmente transmissíveis — HPV, HIV, entre outras.

O sexo já foi um tabu, e para algumas pessoas ainda o é, mas é preciso falar sobre os transtornos e danos que o sexo sem proteção pode ocasionar, colocando em risco a saúde e a vida de muitas pessoas. Essa frase de impacto foi lançada em meio a todo um debate, porque ninguém pensa em proibir o sexo. Veio no bojo de campanhas informativas que buscam conscientizar as pessoas sobre a importância de se garantir o prazer, mas com proteção.

Por que as pessoas escolhem as drogas como solução? A droga é a solução de algum problema?

Somos mortais, a natureza muitas vezes nos ameaça, muitas vezes nos decepcionamos na relação com os outros — daí a humanidade criou a ciência para explicar o mundo, a arte para embelezá-lo, e usamos drogas como forma de ajuda, de apoio para suportar as dificuldades cotidianas (Freud, 1969).

Todas as sociedades, desde tempos antigos, conheceram o uso de drogas como forma de ter prazer, conhecimento de si e do mundo, controlar a dor física ou psíquica, sentir-se mais forte. As drogas alteram a percepção da realidade, a *quantidade* e a *qualidade* da consciência. A história das drogas é tão longa quanto a da humanidade e paralela a esta, sendo específico de quem tem consciência querer *experimentar* com a consciência (Savater, 2000). O uso de drogas faz parte da experiência humana. Nossa cultura conhece, procura e usa drogas: das gotinhas dadas ao bebê que sofre de cólicas aos tranquilizantes prescritos aos idosos que têm insônia, a maioria das pessoas em algum momento de suas vidas usa drogas. Bebidas alcoólicas estão presentes em casamentos, aniversários, nascimentos, formaturas, acompanhando os amigos.

O álcool é valorizado, *o bom de copo* provoca admiração e reconhecimento diante dos outros. A primeira bebedeira é muitas vezes vivida como um ritual de passagem para a vida adulta, sob o signo da transgressão, o que acrescenta valor, sendo um atestado de virilidade para os rapazes, associado à coragem, à redução da timidez, à garantia de euforia. O que se tornou um problema, hoje em dia, é que essa experiência não acontece mais de forma protegida [Le Breton, 2002].

Adolescentes passam pela experiência das drogas com nenhum ou pouco esclarecimento, o que aumenta a possibilidade de danos.

Qual é a composição das drogas? Como elas se apresentam fisicamente? Como são feitas? Como identificá-las? Pelo cheiro?

O álcool é obtido pela fermentação de vegetais ricos em açúcar ou por sua destilação. Entra na composição de bebidas que podem ser fermentadas (vinhos, sidra, cerveja) e destiladas (uísque, vodca, rum, tequila, cachaça). Cada uma delas tem teor alcoólico mais ou menos forte e um cheiro particular. O álcool já foi considerado uma substância divina; até hoje é usado em cerimônias religiosas. Também já foi usado com fins terapêuticos, para dissipar preocupações e acalmar a dor. Há registros de recomendação do consumo de vinho, como terapêutico, na prevenção da tuberculose, no início do século XX, na Europa. A palavra uísque significa *água da vida*.

O tabaco é uma planta cultivada no mundo inteiro; dela se extrai a nicotina. Suas folhas secas e fermentadas têm gosto particular, que varia de acordo com sua preparação.

A maconha é o nome dado no Brasil à planta *Cannabis sativa*, e tem várias formas: erva (folhas e flores secas, geralmente misturadas ao tabaco ou a outras substâncias), haxixe (barras de cor verde, marrom ou amarela) e óleo. Pode-se reconhecer a maconha pelo cheiro adocicado. Tem como princípio ativo o THC (tetraidrocanabinol).

A cocaína é um fino pó branco e resulta da destilação das folhas de coca previamente secas, misturadas a outras substâncias, resultando no cloridrato de cocaína, na forma de sal. O crack é a cocaína na forma base, uma mistura de cocaína, bicarbonato de sódio e amônia, que resulta em pedras.

Tranquilizantes e antidepressivos são fabricados em laboratórios farmacêuticos, vendidos na forma de comprimidos, tendo aparência variada em termos de cor, forma e tamanho.

O ecstasy é fabricado em laboratórios clandestinos, na forma de comprimidos, com cores e formas variadas. O LSD tem a forma de drágeas com desenhos e logotipos, ou é impregnado em papel de filtro — dissolvido em água, pode ser ingerido. Não tem cor nem cheiro. Drogas de uso involuntário, os agrotóxicos têm a forma de pó, grânulo, líquido, podendo ser incolores, ter cor âmbar ou pardo-amarelada. Podem também ter odor forte ou suave e aromático.[2] O mercúrio metálico, também de uso involuntário, é um metal líquido prateado, muito denso. No ar, altera-se lentamente, recobrindo-se com uma película de cor cinza.[3] Essas substâncias são comercializadas livremente, ainda que seu uso seja questionado por organizações de defesa do meio ambiente.

Bebidas alcoólicas e cigarro são drogas?

São drogas, sem dúvida, mas, como têm sua produção, venda e uso permitidos e regulamentados, não são identificados como tal. O álcool tem seu uso aceito culturalmente e incentivado pela sociedade. Trata-se de uma droga depressora do sistema nervoso central, que distende e desinibe. Vinho, sidra, cerveja, aperitivos, licores, uísque, vodca podem significar prazer, festa, esquecimento, mas também acidentes. O álcool já foi usado como remédio anestésico durante guerras na Europa. A noção de alcoolismo e as primeiras medidas de sua prevenção surgem a partir do século XIX. No Brasil, segundo estudos realizados sobre consumo de drogas (Cebrid, 2006, 2010), entre estudantes nas escolas e em domicílio o álcool é a droga de maior incidência na população, seja como primeira experiência ou uso dependente.

O tabaco contém nicotina e é um estimulante do sistema nervoso central, tendo como efeito uma ligeira elevação do humor e a redução do apetite. O cigarro já não tem o glamour que teve no passado. Campanhas de prevenção do uso do tabaco alertam contra seus efeitos tóxicos. Essas campanhas, intensificadas no início dos anos 2000, assim como a regulamentação que se seguiu, conseguiram resultados

---

[2] Disponível em: <http://ltc.nutes.ufrj.br/toxicologia/mXII.orga.htm>; <http://www.indukern.com.br/arquivosUp/491_DDVP_DICLORVOS_.pdf>.

[3] Disponível em: <http://www.areaseg.com/toxicos/mercurio.html>.

muito rápidos — hoje há ampla aceitação da interdição de fumar em locais coletivos fechados. As campanhas de prevenção do tabaco ainda fazem uso de uma linguagem de impacto — fotos de crianças e adultos com doenças gravíssimas impressas nos maços de cigarro —, tentando, dessa forma, pelo medo, desestimular o consumo, nem sempre tendo sucesso.

Remédios são drogas como a cocaína... Qual a diferença entre os dois?

O sentido da palavra "droga", já explicitado anteriormente, esclarece que remédios e cocaína são drogas. Remédios são drogas legais, vendidas nas farmácias. Têm como efeito equilibrar o funcionamento do sistema nervoso central — tranquilizam, acalmam, dão sono, combatem a depressão. São prescritos pelos médicos, sendo exigida a receita médica no momento da compra. Sua qualidade e preço decorrem, de um lado, dos interesses dos laboratórios farmacêuticos com sua atividade comercial lucrativa e, de outro, dos consumidores que querem ter remédios de qualidade e a preço baixo. Os direitos e os deveres de ambas as partes são discutidos e negociados em espaços jurídicos legais. O interesse dos consumidores prevaleceu, por exemplo, quando houve a criação da lei de remédios genéricos, que têm os mesmos efeitos que os demais, mas preços mais baixos. A Agência Nacional de Vigilância Sanitária (Anvisa) é o órgão público que controla as condições sanitárias que envolvem a produção e o comércio dos remédios em geral, e o Procon defende os interesses dos consumidores. Esses dois órgãos garantem os direitos de quem usa drogas permitidas por lei.

A cocaína é uma droga estimulante do sistema nervoso central. Tem hoje sua produção, venda e uso proibidos por lei, logo sua circulação é clandestina, não havendo nenhum controle da qualidade de sua produção (frequentemente é misturada a outras substâncias para aumentar seu rendimento e o lucro) e de seu preço ao consumidor. Não há possibilidade de negociação dos conflitos entre produtores e consumidores, sendo estes, portanto, resolvidos por *ajustes de contas* violentos e armados. A política de drogas oficial tem como objetivo sua erradicação, agindo de forma violenta em relação a seus produtores/vendedores e consumidores.

Cocaína, de que é feita? Quais as diferenças de aspecto entre cocaína e sal? Quais as substâncias do crack? Qual o composto químico da merla? O que é melado? É o que resta da cocaína?

A coca, ou epadu, é uma planta cultivada na América do Sul, na Indonésia e no leste da África. A cocaína é um pó fino e branco, como uma farinha, resultado da destilação das folhas de coca previamente secas. É um sal e tem propriedades semelhantes às do cloreto de sódio, o sal de cozinha, como ser solúvel em água e razoavelmente estável quando submetida a aquecimento. Por serem sais, têm um aspecto realmente muito semelhante, mas o que é bem diferente é o gosto amargo da cocaína.

O crack é uma mistura de cocaína, bicarbonato de sódio, soda cáustica e amônia, com a forma de "pedra". A merla ou melado é um subproduto da cocaína e tem a forma de base. As folhas de coca são misturadas com uma quantidade significativa de solventes, como ácido sulfúrico, querosene, cal virgem, gasolina, entre outras substâncias. Essa mistura ganha uma consistência pastosa e de cor amarelada, que concentra uma quantidade de cocaína que varia conforme o produtor. Pode ser ingerida pura ou fumada misturada com tabaco ou maconha. Sendo drogas ilegais, sua composição é de difícil controle.

Crack se fuma. E maconha, se cheira?

O crack resulta da mistura de cocaína e substâncias que se cristalizam. Os cristais podem ser fumados e têm efeito imediato. A maconha não se cheira, é comumente fumada, podendo ser ingerida. Quando fumada, seu efeito é sentido mais rapidamente, e as sensações duram aproximadamente quatro horas. Quando ingerida, os efeitos demoram mais para ser sentidos, porém duram mais tempo, podendo chegar a 12 horas.

Quais as diferenças entre o tabaco e a maconha? Por que a maconha é verde?

A planta *Nicotiana tabacum* é cultivada no mundo todo. As folhas secas são fermentadas, o que dá um gosto particular ao cigarro de tabaco.

A nicotina é uma substância estimulante, comercializada legalmente em forma de cigarro, charuto, cachimbo e tabaco de mascar. Seu uso medicinal perdeu-se no tempo, mas o uso recreativo se popularizou e até há pouco tempo era sinônimo de elegância. As diversas substâncias que entram na composição do cigarro, quando tragadas, passam para os pulmões e são absorvidas pela corrente sanguínea. A nicotina misturada ao alcatrão e tantas outras substâncias que entram na composição do cigarro de tabaco é tóxica e causa danos aos pulmões e ao coração, especialmente. Além da toxicidade própria da nicotina, o uso de agrotóxicos nas lavouras de fumo aumenta a toxicidade do produto final, que é o cigarro.

A *Cannabis sativa* é uma planta comercializada ilegalmente na forma de erva prensada ou solta/maconha e resina/haxixe. O princípio ativo da *Cannabis*, responsável pelos efeitos psicoativos, é o THC, tetraidrocanabinol. Sua concentração varia muito, de acordo com a preparação e a origem. Quem fuma sente bem-estar, calma, tranquilidade, fica com vontade de rir, tem dificuldade de perceber a passagem do tempo e as distâncias. A maconha tem a coloração verde das folhas e flores secas da planta *Cannabis sativa*. Assim como na maioria das plantas, o que lhe confere a cor verde são pigmentos presentes na clorofila. O haxixe pode ter coloração verde, marrom ou amarela, segundo a região de origem de sua produção.

Qual a ligação entre fumar maconha e o crime?

Não se pode afirmar que alguma droga induza ao crime. A droga não tem o poder de transformar uma pessoa calma numa pessoa violenta, assim como não transforma alguém com inteligência mediana em um gênio. Não há nada no efeito da droga em si que leve uma pessoa a cometer crimes. O que acontece, em geral, é que a pessoa que tem uma personalidade violenta, mas se controla, sob o efeito da droga justifica seus atos pelo uso. A maconha em si tende a acentuar o estado de espírito do momento, funcionando como um amplificador das sensações internas, sejam elas de alegria, tristeza, calma, raiva etc. Alguns efeitos da maconha são a dificuldade de percepção de tempo e espaço, bem como a diminuição da coordenação motora, o que torna difícil imaginar alguém, nesse estado, por exemplo, roubando, praticando atos violentos, atividades que requerem, em geral, concentração e rapidez de movimentos.

É difícil provar a relação entre o uso da maconha e o aumento da agressividade, já que ela tem como um de seus efeitos a sensação de bem--estar, o relaxamento. A associação que pode ser pensada entre maconha e criminalidade decorre do fato de ser ela uma droga ilegal; logo, para ter acesso a ela, o usuário terá de entrar num contexto de criminalidade.

De onde vem a heroína?

A heroína é um opiáceo obtido da morfina. Os opiáceos são substâncias naturais que existem no látex de uma planta chamada papoula. É um pó de coloração cinza ou marrom. O Laboratório Bayer lançou a Heroína Bayer, em 1898, como substituto não viciante da morfina, recomendando seu uso para combater a tosse de adultos e crianças. Na primeira edição do *Dicionário de especialidades farmacêuticas*, de Georges e Vidal, na França, em 1914, sugere-se que a heroína cura a tosse de forma espetacular (Dugarin e Nominé, 1988). Com o passar do tempo, a Liga das Nações, organismo internacional que antecedeu a Organização das Nações Unidas (ONU), decidiu, em 1923, considerar a heroína uma substância perigosa e com pouco interesse terapêutico. No ano seguinte foi proibido seu uso nos Estados Unidos e, em 1956, tornado ilícito no mundo todo.

Qual a diferença entre primeira vez, uso e vício? Um primeiro cigarro de maconha já vicia? Qual a sensação que se tem ao usar drogas? A personalidade influencia o uso de drogas? Se a pessoa não tem condições de comprar drogas, como ela se sente?

Existem diferentes tipos de uso de drogas. Há pessoas que experimentam apenas uma vez e se desinteressam. Outras fazem uso ocasionalmente quando encontram amigos, na mesa de um bar, em festas; outras ainda usam com certa frequência, habitualmente. Mantêm suas atividades profissionais, seus afetos, não têm registro de problemas decorrentes do consumo, daí não podendo ser consideradas dependentes. É a repetição compulsiva do consumo associada a situações e consequências negativas para quem usa que vai configurar a dependência (Brocca, 2010). É o caso de quem se aflige quando a bebida falta, de quem ouviu várias vezes os amigos dizerem que *está passando da conta, que é preciso parar*. É o caso de quem já tentou várias vezes parar, mas não teve sucesso, já foi chamado a atenção no trabalho, já teve algum tipo de acidente por estar alcoolizado. A dependência de drogas corresponde a uma situação de isolamento, de rompimento de laços com as outras pessoas, com as atividades cotidianas. Não acontece de forma instantânea, imediata, mas resulta de um processo. A personalidade de cada um e o contexto em que vive são aspectos que vão influenciar o consumo de drogas, que ora não passa da primeira experiência, ora se repete ocasionalmente sem maiores consequências, ora se torna um problema mais grave. O projeto de vida e de futuro de cada um ajuda a determinar e limitar o lugar e a importância que a droga vai ocupar.

Sob o efeito das drogas, o funcionamento do cérebro acelera, diminui ou fica perturbado, dependendo do tipo de substância que se usa, da personalidade de quem usa e do contexto sociocultural. A droga dá prazer, senão ninguém usaria. Sob seu efeito, a pessoa pode sentir mais energia, bem-estar, alívio de suas dores físicas e psicológicas, também podendo ser levada a ter visões. Quanto ao que sente uma pessoa diante da dificuldade de comprar drogas, isso depende da relação de uso estabelecida. Algumas, por maior que seja a vontade de consumir, não terão dificuldade de se abster, de esperar. Mas quem é fumante sabe a falta que faz um cigarro; então, guarda para o dia seguinte aquela *guimba*. Tem gente que não suporta a falta e sai tarde da noite procurando algum local de venda de cigarro. Quando a relação é de dependência, os sintomas da abstinência — dores difusas, calafrios, tremores, mal-estar e angústia intensos — tornam a falta da droga uma experiência muito difícil e sofrida de suportar. Tem gente que nessas horas faz qualquer coisa, podendo chegar a cometer atos violentos para conseguir satisfazer seu desejo.

A droga é prejudicial à saúde? Por que algumas pessoas usam drogas mesmo sabendo que fazem mal? O jovem que consome drogas realmente desconhece os danos que elas causam?

Os pioneiros da medicina, Hipócrates (grego) e Galeno (romano), diziam que a diferença entre remédio e veneno está na dose. As drogas ora tiveram seu valor terapêutico reconhecido, ora foram consideradas perigosas para a saúde. Algumas substâncias hoje proibidas, como a maconha e a cocaína, no passado foram usadas no alívio das dores de parto e na cura de várias doenças (Escohotado, 1994). O uso terapêutico da maconha é reconhecido cientificamente e legalizado em diversos estados dos Estados Unidos e em outros países, como Israel e Canadá. No século XIX, a cocaína já foi receitada como anestésico local, para pequenas cirurgias e para curar a dor de dente de crianças. O álcool já foi proibido nos Estados Unidos no período de 1920 a 1933, mas hoje seu uso é aceito culturalmente e mesmo incentivado. Há pessoas que acreditam que as drogas proibidas por lei são as mais perigosas, as mais consumidas e as mais danosas. No entanto, estudos sobre consumo de drogas no Brasil afirmam a maior incidência do consumo do álcool e sua relação perigosa com acidentes de trânsito e de trabalho.

As drogas podem fazer mal dependendo do tipo de uso e do contexto de vida de cada um, e também da legislação de seu país. No Uruguai, por exemplo, recentemente, a produção, a venda e o uso de maconha foram legalizados para quem reside no país. Dessa forma, reduzem-se os possíveis danos, porque a informação circula livremente e o acesso ao tratamento é discutido mais claramente.

Quando o uso de uma droga se torna a principal preocupação de alguém que então passa a viver em função dela, a saúde física e psicológica tende a se comprometer. A qualidade da produção de remédios vendidos nas farmácias é fiscalizada pelo Estado, mas, quando se trata das drogas ilícitas, não há nenhum tipo de controle, podendo haver consequências mais graves para a saúde, algumas podendo ser mortais.

A política de drogas, ainda permeada por mistérios, meias-verdades, identificando drogas a danos irreversíveis e generalizados, não ajuda os jovens a ter uma noção clara dos riscos eventuais, mas reais, decorrentes do consumo de quaisquer drogas. Como veem outros amigos experimentarem sem maiores danos, não se protegem. Além do mais, como vivemos numa sociedade que incentiva o consumo de bens como meta de sucesso, esse discurso consumista confunde muitos deles, favorecendo o uso compulsivo. No que se refere aos jovens pobres, sem acesso aos bens de consumo valorizados, sem um projeto de futuro, a inserção no comércio ilícito de drogas tende a ser uma alternativa, ainda que sinistra e mortal.

Existe alguma droga que faça menos mal? Quais os tipos perigosos?

A droga mais perigosa, a pior droga do mundo, é aquela com a qual se tem um uso problemático (Brocca, 2010) ou ainda aquela cuja toxicidade se desconhece. Todas as drogas implicam riscos, maiores ou menores — esse é um ponto de partida básico. As drogas implicam perigos tanto quanto o trabalho (vide a incidência dos acidentes a ele associados), o automobilismo (os acidentes de trânsito), o alpinismo, o garimpo. As drogas podem ser daninhas, como a credulidade política, mas jamais serão tão daninhas quanto a guerra (Savater, 2000). O problema da droga depende da personalidade de quem usa, do produto escolhido, do meio e do momento que se vive. Considerar apenas um desses fatores não ajuda a entender o que está acontecendo. A mesma droga tem efeitos diferentes dependendo de quem usa.

Tem gente que bebe cerveja, vinho ou mesmo cachaça só de vez em quando, nos fins de semana, socialmente, como se diz — afinal, o consumo de bebidas alcoólicas é admitido e mesmo incentivado em nossa sociedade. Enquanto uns conseguem beber sem exageros, outros se tornam dependentes, largam o trabalho e a família por causa do álcool, demonstram sua agressividade. Pessoas diferentes têm reações diferentes.

O tabaco provoca danos indiscutíveis à saúde, justificando campanhas de prevenção que resultaram numa legislação que proíbe fumar em locais públicos fechados. Alguns solventes, como esmaltes, tintas, tíneres, gasolina, querosene, removedores de pintura, vernizes, cola de sapateiro, éter, acetona, benzina, são inalados por crianças e adolescentes, sem distinção de classe social, e causam danos graves à saúde. Remédios moderadores e estimulantes do apetite, anabolizantes, consumidos de forma abusiva numa sociedade que supervaloriza o corpo magro, musculoso, também fazem mal. Remédios para diminuir a ansiedade, usados sem acompanhamento psicoterápico, podem causar danos.

Qual a reação dos pais quando seus filhos usam drogas? Por que os pais do drogado colocam a culpa do vício no usuário? Quem usa drogas tem sempre uma relação ruim com a família? É difícil para uma pessoa dependente de drogas se comunicar com os pais? Só as pessoas que têm família *jogada* é que vão para o mau caminho?

As famílias são tolerantes, até permissivas, quando se trata do uso do álcool, droga lícita e aceita culturalmente. São menos tolerantes com o uso das drogas ilícitas. Nesse caso, em geral, são os *últimos a saber*, e, quando tomam conhecimento, se desestabilizam. O medo de enfrentar a conduta problemática de um filho, de um parente, faz com que sintam vergonha e fiquem perdidas, sem saber como pedir orientação e ajuda.

A dependência de drogas é sintoma de que as relações com a família e com o mundo estão perturbadas. Fugir do conflito, *tapar o sol com a peneira* e fazer da pessoa que depende de drogas um *bode expiatório* não resolvem. Algumas famílias se isolam. Outras enfrentam os conflitos com ajuda especializada.

Informações imprecisas contribuem para que os pais não saibam lidar com o que se tornou um problema, daí as famílias não se sentirem seguras para lidar com o conflito. Acaba sendo mais fácil optar por afastar o problema com internação, mesmo compulsória, o que não é uma solução. As famílias que conseguem abrir caminho para uma reflexão e ação de forma unida, compreensiva, têm mais chances de encontrar uma saída quando o uso de drogas se torna problemático. Alguns pais conseguem reconstruir a relação com o filho dependente de droga a partir do próprio conflito e testemunham publicamente sua experiência.

Os pais devem orientar os jovens no que se refere a todas as drogas com informações claras e precisas para que eles possam avaliar seus pontos fortes e vulnerabilidades. Pais conscientes podem agir como um suporte no momento em que os filhos entram na vida adulta. Sua presença amiga e constante fortalece a tomada de decisões conscientes, protetoras dos eventuais danos que as drogas podem ocasionar. A orientação e a ajuda da família são fundamentais para que a experiência do uso de drogas não ganhe importância desmedida na vida dos jovens.

A crença de maior incidência de problemas com drogas entre os jovens que têm pais separados, viúvos ou criados por outros parentes não corresponde à realidade (Monteiro e Rebello, 2000). Mas, sem dúvida, famílias que já vivem outros problemas graves de relacionamento terão maiores dificuldades em enfrentar mais esse.

As pessoas podem se recuperar indo à igreja?

Ir à igreja faz bem para quem tem uma crença. Quem vive uma situação de dependência e tem crença religiosa tende a buscar um tratamento junto a instituições que privilegiam sua crença ou pelo menos a espiritualidade. Essas instituições, de maneira geral, consideram a abstinência a única alternativa válida. Para esses usuários, a aceitação da abstinência associada à fé muitas vezes se torna uma solução, mas é a *sua solução*. Quem não tem crença religiosa, de maneira geral, não se adapta a esse tipo de tratamento e procura instituições públicas laicas.

Quando as pessoas usam drogas, elas podem ficar endemoniadas? Como ficam os planos de futuro delas? As pessoas viciadas podem ter reações perigosas?

Nenhuma droga em si tem qualquer efeito relacionado com o mal ou o bem. O efeito que uma droga provoca depende de outros fatores, além de suas propriedades químicas. O que uma pessoa sente ao usar uma droga é o resultado de um complexo sistema de influências que inclui tanto os componentes químicos quanto o significado da experiência, o momento e o meio sociocultural em que é consumida. A ação química das drogas no organismo varia de substância para substância, de pessoa para pessoa.

As drogas interferem no funcionamento do sistema nervoso central e podem ser estimulantes, depressoras, alucinógenas. A droga não determina o *futuro malsucedido* de uma pessoa. O que pode modificar alguns planos futuros depende da relação estabelecida com a droga. O uso compulsivo de alguma substância não permite que a pessoa realize bem suas atividades cotidianas, causando transtornos e danos. Reações perigosas são de responsabilidade de cada pessoa. A droga não explica nem justifica o mal cometido por alguém, e seu uso não deve ser adotado como álibi.

Drogas... Desde quando existe essa história?

Neste capítulo, oferecemos a você algumas informações sobre a história das drogas e das práticas culturais relativas a seus usos. São diversos e intrigantes os sentidos atribuídos a cada uma. Viajaremos no espaço e no tempo, quando existiam usos religiosos, festivos, nutricionais e terapêuticos. Você também poderá acompanhar como se construiu a proibição a certas drogas, fenômeno histórico relevante que influencia diretamente as práticas culturais de produção, venda e consumo a partir do século XX.

Qual a origem das drogas?

Desde a Antiguidade clássica, beber vinho era um hábito comum, prática aceita culturalmente. No Brasil colonial, missionários e colonos conviveram com o consumo da bebida nativa, feita da mandioca, do aipim, do milho, do caju, do abacaxi, da jabuticaba, entre tantas outras raízes e frutas, que *ora alimentava cristãos, ora conduzia ao estado de embriaguez*. O cauim era uma bebida fermentada: o caldo extraído da mandioca era misturado à saliva, provocando sua fermentação. Consumido durante os rituais de passagem e de sedução, em festas, nos momentos que antecediam as guerras, o álcool também tem registrada sua eficiência terapêutica nos casos de malária, picadas de cobra, sífilis, para combater o frio, podendo ser, além de ingerido, também aplicado no corpo do doente (Fidelis Dias, 2008:199-217).

A maconha vem de uma planta, *Cannabis*, e tem registros arqueológicos e históricos de uso entre civilizações antigas (Koutouzis e Perez, 1997) na Ásia, nas estepes do Turquistão e no noroeste da China, datados de 4000 a.C., na forma de fragmentos de tecidos. Cultivada desde sempre, fornecia óleo de suas sementes comestíveis e era utilizada também como forragem para o gado. Há registro de uso terapêutico desde 2700 a.c. Fumada ou em infusão, entrava na composição de beberagens usadas por curandeiros africanos e velhos caboclos. Segundo autores brasileiros, negros escravos libertos, retornando da África para o Brasil, trouxeram sementes dentro de bonecas de pano. A maconha teria sido usada também no Quilombo dos Palmares, em candomblés e catimbós de Recife na década de 1930. Segundo Gilberto Freyre, assegurava a estabilidade do poder dos senhores de engenho e diminuía as chances de revolta:

o negro fumava a maconha que os senhores deixavam plantar e crescer no meio dos canaviais. Mergulhados em sonhos, aguentavam a tristeza de estar escravizado, longe da pátria. Registra-se seu uso medicinal, nos casos de nevralgias dentárias, cólicas uterinas, asma, como expectorante, contra vômitos (terapia anticâncer), controle de crises epiléticas, durante o parto e para o glaucoma [Henman e Pessoa Jr., 1986].

Mascar a folha de coca, conhecida como *Pachamana* (Mãe Terra), já era comum entre as populações andinas antes da queda do Império Inca, da conquista colonial e da República. Dava prazer, reduzia a fadiga, o estresse, sendo um costume tão antigo quanto tomar chá no Japão. Os padrões culturais de uso da folha são ancestrais, tendo sido sempre considerada símbolo de identidade étnica, tendo uma função na economia camponesa, nas relações sociais e na medicina tradicional. No passado, mascava-se coca não apenas nas regiões altas dos Andes, mas nas zonas baixas, quentes e frias, conforme registram cronistas espanhóis. Além do consumo, e à semelhança do que em outras culturas se faz pela leitura da borra do café,[4] há registros de uma cosmovisão andina — uma leitura do mundo baseada na forma

---

[4] Museu do Café, Santos, Abic, 2012; Volpe (2003). A leitura da borra do café (cafeomancia) é uma tradição comum entre muitos povos da Turquia e da Grécia, também comum no Brasil, consistindo na associação das marcas deixadas pelo pó dessa bebida na xícara de quem a saboreou à intepretação de sua sorte e futuro.

das folhas de coca, indicando vida e morte, saúde e doença, escolhas afetivas e sexuais (Instituto Indigenista Interamericano, 1989).

A partir do século XIX, com a Revolução Industrial, desenvolveram-se várias áreas do conhecimento científico, entre elas a química e a farmacologia, quando então algumas drogas foram sintetizadas: a morfina (1806), a codeína (1832), a cafeína (1841), a cocaína (1860) e a heroína (1874). Outras foram sintetizadas em laboratórios: o LSD, o ecstasy e toda uma série de remédios psicoativos de uso na psiquiatria.

Qual a relação de droga com cultura?

Essa pergunta relaciona a droga com o que singulariza o gênero humano: a cultura — nossa intervenção dirigida à natureza e às nossas relações sociais. Isso é importante para discutir a história das drogas, pois, em nosso tempo, a reflexão sobre elas tende a ser simplificada, reduzindo-as a efeitos farmacológicos ou a uma visão moralista. Mas drogas são mais do que isso. O uso de drogas envolve questões complexas de liberdade e disciplina, sofrimento e prazer, devoção e aventura, transcendência e conhecimento, sociabilidade e crime, moralidade e violência, comércio e guerra (Labate, 2008). Podemos afirmar que as drogas sempre participaram da constituição de esferas da vida humana em práticas religiosas, festivas, nutricionais, transcendentais, estéticas, étnicas, de gênero e com as características de cada geração.

O hábito de beber durante as refeições hoje é comum, mas na Antiguidade grega e romana bebia-se apenas depois do jantar, para estimular a conversação. Homens e mulheres bebiam em locais separados. Para cada medida de vinho correspondiam duas de água — beber vinho puro era considerado um ato não cidadão. O vinho era cultivado e liberado para os cidadãos gregos e romanos, enquanto a cerveja produzida fora dos limites da cidade era consumida pelos estrangeiros, considerados bárbaros. Crianças não podiam beber, embora haja registros de alcoolismo infantil; em compensação, aconselhavam-se algumas gotinhas de ópio para que dormissem melhor (Villard, 1988). Tais padrões de consumo ajudavam a controlar o uso e preveniam o abuso de bebidas alcoólicas.

Se na Idade Média a dor era uma manifestação divina, um meio de expiação e de caminho para a salvação do doente, tendo um significado positivo, na modernidade esse sentido se altera. Com a criação da morfina associada à produção industrial da seringa hipodérmica — nos Estados Unidos, a partir de 1856 —, a dor se torna negativa, desnecessária, passível de controle. Assim, as drogas fazem parte das promessas do progresso científico e da modernidade, curando doenças e anestesiando dores. Imaginem a revolução que isso significou para as práticas médicas e para o tratamento das doenças! Mas a dificuldade de conviver com as frustrações inerentes à vida pode levar ao uso exacerbado de medicamentos psicoativos prescritos para curar todo tipo de doença "da alma": *doença do pânico*, medo de ser um *perdedor*, males de alguma forma produzidos pela publicidade de empresas associadas aos laboratórios farmacêuticos, que rapidamente lançam no mercado remédios para resolver o problema que, de fato, foi *criado*. Portanto, quando se fala em fenômenos humanos, como o das drogas, necessariamente se está falando de práticas e sentidos culturais próprios dessa experiência coletiva e individual.

O uso de drogas hoje é diferente do que foi no passado?

Ainda perduram hoje usos ancestrais de substâncias psicoativas, como o vinho em rituais religiosos cristãos, a ayahuasca entre os seguidores do Santo Daime, o cauim entre os ameríndios e a folha da coca entre as populações dos altiplanos andinos (Henman e Pessoa Jr., 1986). Outros usos se modificaram com o tempo: hoje se bebe o vinho puro, mas é comum o consumo concomitante de água, como forma de evitar a desidratação causada pelo álcool. Outras bebidas alcoólicas ainda são bebidas puras ou misturadas a água e gelo, como o uísque (Villard, 1988).

O tabaco chegou à América com Cristóvão Colombo em sua primeira viagem ao continente. Em 1600, já se dizia que fumar tabaco queimava os pulmões. Em 1612, a planta começou a ser cultivada nos Estados Unidos. Alguns anos depois, o consumo de tabaco foi proibido no Japão e na China. Hoje é uma droga comercializada legalmente, sendo apenas submetida a algumas restrições. No Brasil, a partir de 1996, o uso do tabaco foi regulamentado, sendo proibido fumar em repartições públicas, hospitais, salas de aula, bibliotecas, locais de trabalho, teatros, cinemas e em outros ambientes coletivos fechados. Áreas devidamente arejadas foram reservadas para esse fim. Além disso, foi vedada a publicidade de cigarros.

Usos integrados culturalmente se amparam em um conjunto de controles sociais, individuais e coletivos — normas e hábitos de conduta familiares, comunitários — que permitem reduzir danos. Mas esses mesmos usos tradicionais e protegidos se veem ameaçados em decorrência da política de erradicação, como é o caso da cocaína. A fumigação das plantações de coca nos países andinos, com produtos altamente tóxicos, destrói a fauna, a flora e a agricultura familiar, provocando graves prejuízos para a saúde física e psicológica das populações locais.

Alguns usos se perderam no tempo, como a prescrição de pílulas de cocaína para dor de dente das crianças ou o uso da heroína para sanar a tosse. A princesa Carlota Joaquina, mulher de d. João VI, tinha o hábito de relaxar fumando maconha (Henman e Pessoa Jr., 1986). Hoje, a maconha é droga proibida. Mas seu uso terapêutico para acalmar a asma e as contrações do parto ainda existe no interior do Brasil. Pesquisas científicas recentes reafirmam o interesse de seu uso nos casos de náuseas e vômitos decorrentes de remédios da quimioterapia, para aumentar o apetite de pacientes com Aids e doenças terminais, nos casos de dores fortes, nevralgia nervosa e convulsões.

Como e por que a droga é tão importante?

Porque faz parte da experiência humana. Na Grécia antiga, acreditava-se que as divindades gregas, como Hypnos, do sono hipnótico, Thanatos, da morte, e Nys, da noite, eram adornadas com talos da papoula. Morfeu, o deus do sono, a cada noite também sacudia a planta sobre os mortais para lhes oferecer repouso e esquecimento. Hipócrates frequentemente mencionou a papoula como ingrediente de preparados medicinais, e Aristóteles, como um calmante, antidiarreico e sonífero.

Para os incas, a folha de coca só poderia ser usada pelas autoridades políticas e religiosas, porque era considerada um *presente dos deuses*. Excepcionalmente, a despeito de ser parte da natureza, somente índios mensageiros, que se deslocavam de uma tribo a outra nas altas altitudes dos Andes, poderiam colhê-la como recurso nutricional e terapêutico. A coca, contudo, em outro contexto histórico, o da colonização espanhola, sofreu um deslocamento no sentido de seu uso. Era usada para o pagamento da jornada de trabalho dos índios na exploração das minas de ouro e prata da América. As populações andinas anteriormente tinham na folha da coca algo sagrado, e seu uso era restrito às práticas religiosas, festivas, nutricionais e terapêuticas. Com a colonização espanhola, há uma ruptura cultural fundamental, já que a planta passou a ser moeda de troca. As bebidas alcoólicas estão desde sempre presentes em festas e cerimônias sociais. O vinho continua sendo usado nos rituais religiosos. A importância econômica das indústrias farmacêuticas, de bebidas e de tabaco é evidente na sociedade moderna.

A conjuntura tem a ver com o uso de drogas?

No final do século XVIII, na França, um elixir terapêutico era prescrito quando a doença era grave — o absinto. Durante as guerras coloniais europeias, algumas gotas garantiam a pureza da água, prevenindo infecções intestinais. Bebida destilada, refrescante, com gosto de anis, era misturada à água e ao açúcar. Quando seu uso se popularizou entre os trabalhadores, a produção nacional do vinho foi afetada. Nessa conjuntura, atribuíram-se ao absinto todos os males da época: diminuição da natalidade, doenças digestivas e nervosas, aumento da tuberculose, da criminalidade. Na época, estudos científicos concluíram ser, em doses pequenas, apenas um estimulante, mas prevaleceram os interesses econômicos dos produtores de vinho, e o absinto foi proibido. Seus efeitos danosos não foram comprovados, e hoje sua produção, venda e consumo são liberados na Europa, nos Estados Unidos e no Brasil, com teor alcoólico controlado.

Nos Estados Unidos, no início do século XX, imigrantes chineses trabalharam na construção de ferrovias e, nos momentos de lazer, fumavam ópio. Terminada a construção, desempregados e sem alternativa de inserção social, foram discriminados por consumirem a droga, que antes não causava nenhuma preocupação. Entre 1920 e 1933, naquele país, sob pressão política de grupos protestantes, a chamada Lei Seca proibiu a produção, o comércio e o uso de bebidas alcoólicas. Tentando garantir a sobriedade, por decreto, imaginou-se assim salvar o país de problemas que iam da pobreza à violência. Na prática, a legislação repressiva gerou o comércio clandestino, um inusitado aumento da violência, a ascensão de *gangsters* como Al Capone, trocas de tiros nas ruas, a qualidade duvidosa do produto, a falta de informação e o tratamento para quem fazia uso abusivo. A experiência de proibição do álcool nos Estados Unidos, ainda que reconhecidamente um fracasso, logo foi reeditada mundialmente, tornando ilícitas algumas drogas que antes foram consumidas livremente — maconha, cocaína, heroína, entre outras.

A cocaína, no passado consumida livremente, foi proibida depois da Primeira Guerra Mundial, mas, em 1923, foi tema de uma música, *A cocaína*, de autoria do compositor e flautista José Barbosa da Silva, o Sinhô. Sabe-se que a composição foi dedicada ao jovem jornalista Roberto Marinho, mais tarde diretor de uma importante rede de comunicação brasileira. A letra da música exalta o prazer e o alívio das dores, decorrentes do uso da cocaína, ainda que reconheça ser um *vício, somente de olhar e para esquecer eu começo a beber*.[5] Nesse caso, a conjuntura favoreceu a composição e a dedicatória.

Como e onde a droga é produzida? Como se fabrica?

O estatuto legal de uma droga interfere nesse *como* e *onde*. As drogas tornadas ilícitas — cocaína, maconha, ópio, heroína etc. — são fabricadas clandestinamente, sem nenhum controle de qualidade e de preço. Outras drogas, legalizadas e regulamentadas — cafeína, bebidas alcoólicas, tabaco, medicamentos psicoativos —, têm sua fabricação controlada pelo Estado.

Uma das consequências da legislação proibicionista foi *empurrar* a produção das substâncias tornadas ilícitas para áreas de difícil acesso. Assim, o cultivo dessas plantas pode misturar-se a outros cultivos ou é

---

[5] *Dicionário Cravo Albin da música popular brasileira.* Disponível em: <www.dicionariompb.com.br/sinho/dados-artisticos>.

feito em áreas da periferia urbana e rural. Nessas áreas, onde o Estado tem uma presença frágil, parte da população pobre, com baixa escolaridade e com futuro incerto, se envolve no plantio e venda ilícitos, vindo a constituir grande parte da população carcerária.

No refino de algumas drogas ilícitas, os chamados precursores, substâncias que entram em sua fabricação, são estratégicos. Para produzir o crack, é necessário o cloridrato de cocaína, que, dissolvido em água e em bicarbonato de sódio, depois de aquecido e seco, dá forma às pedras. Drogas ilícitas têm produção clandestina, por isso têm composição incerta, podendo haver a mistura de outros precursores altamente tóxicos, como querosene, gasolina e até água de bateria.

A circulação, no território brasileiro, da cocaína, de sua pasta base e dos precursores mantém a produção dessa droga e de seus derivados (crack, óxi e merla, por exemplo) em lugares conhecidos como laboratórios de *endolação*. Nesse contexto, alguns trabalhadores trocam sua força de trabalho por algum tipo de remuneração no comércio ilícito. Por sua precária condição social e pelos *valores* disseminados no mercado ilegal (medo e proteção, isolamento e pertencimento, poder), estão vulneráveis, não têm qualquer garantia trabalhista, previdenciária, e têm diminuída sua expectativa de vida, na medida em que sua atividade requer, em certos níveis da cadeia produtiva, o uso de armas. A produção das drogas tornadas ilícitas acaba por, frequentemente, implicar domínio de territórios e utilização de armas.

As drogas legais têm regulamentação do Estado para sua produção, seja em unidades fabris, seja na agricultura. Oficialmente, atendem a exigências diversas no âmbito da produção, com edificações adequadas, respeito às normas ambientais, pagamento de tributos, garantias trabalhistas e previdenciárias ao trabalhador, assim como a obrigação de informar a composição de cada droga produzida.

Por que o povo é tão ignorante sobre as drogas?

Ignorar significa não tomar ciência, não participar de um debate sobre um assunto. Ignorar o que hoje se discute sobre as drogas nos leva a correr riscos como se tivéssemos os olhos vendados. Com a legislação proibicionista, a discussão tende a se restringir aos especialistas, às supostas autoridades no assunto, sendo permeada por preconceitos, mitos e enganos. Nesse contexto, fica difícil ter a compreensão e o discernimento necessários para avaliar em que medida as drogas proporcionam prazer e sofrimento, cura e doença, onipotência e impotência. A partir do século XX, noções demonizadoras dos efeitos das drogas se disseminaram. Esse enfoque moral continua existindo, tendo sido a base de aceitação do proibicionismo. A ignorância sobre as drogas foi construída ao longo da história, inicialmente com ideias moralizadoras e fatalistas, negando-se o prazer de uso. Progressivamente, simplificou-se a discussão centrada nas drogas ilícitas, em sua ação no sistema nervoso central, nos danos considerados inevitáveis e generalizados. Somada a ação repressiva sobre as drogas ilícitas, produziu-se, assim, o *problema das drogas*. Ao longo do século passado e até hoje, prevaleceram afirmações como: "droga mata"; "quem usou uma, usará todas"; "as drogas ilícitas são as mais consumidas e fazem mais mal"; "a internação compulsória é a solução para a paz nas cidades". O grande público ignora que o álcool e o tabaco são as drogas de maior consumo tanto no Brasil quanto no resto do mundo; ignora que o tratamento, para ter chances de sucesso, pressupõe a demanda espontânea do usuário em se cuidar.

Frases de impacto fazem parte do contexto proibicionista (amedrontar para evitar o consumo). Recentemente, vem se ampliando a discussão sobre as drogas nos meios de comunicação. Documentários, livros, artigos, depoimentos de personalidades políticas e acadêmicas, do meio artístico e comunitário, associações de usuários de drogas apontam alternativas para lidar e superar o que, com a proibição, se tornou *um problema*.

De onde se originam a heroína e o LSD? Por que a heroína e o LSD são tão escassos no Brasil?

A heroína é um opiáceo — substância natural que existe no látex da papoula. Como o próprio nome sugere, foi considerada, de início, medicação *heroica*, substituindo a morfina no tratamento das dores intensas, largamente usada durante as duas guerras mundiais. Em 1923, a ONU declarou o produto perigoso e de pouco valor terapêutico, até que foi proibido em 1956. Na década de 1960, durante a Guerra do Vietnã, soldados norte-americanos encontraram naquele país um contexto favorável para o uso da heroína, graças à proximidade com as populações produtoras do Sudeste Asiático. O consumo era uma forma de aliviar a tensão da guerra.

O LSD-25 (dietilamida do ácido lisérgico) foi descoberto por Albert Hoffman, químico suíço, em 1943, quando pesquisava princípios ativos extraídos de fungos que atacavam o centeio e outros cereais. Testado no tratamento de doenças mentais, concluiu-se que seus efeitos alucinógenos não tinham fins terapêuticos. É uma das substâncias mais ativas sobre o cérebro, e pequenas doses produzem grandes alterações. Nos anos 1960, surgem os primeiros relatos do uso do LSD-25 entre jovens e adultos, influenciados pelo movimento *hippie* de contestação da ordem estabelecida e de defesa da liberdade. Em 1968, no auge desse movimento de contracultura, o LSD-25 foi tornado ilícito, mas continuou sendo produzido em laboratórios clandestinos, vendido na forma de minúsculos pedaços de papel.

No Brasil, o uso tanto da heroína quanto do LSD-25 é mais frequente entre pessoas das classes mais favorecidas. O Ministério da Saúde não reconhece qualquer uso terapêutico dessas drogas, ratificando, portanto, a proibição de sua produção, comercialização e uso no território nacional.

Por que a sociedade discrimina quem usa drogas? Por que dependentes que já largaram o vício são recusados em empregos?

A sociedade cria suas regras de convivência de maneira informal ou por meio de leis que configuram um estilo de vida, valores. Ao mesmo tempo, tem dificuldade em *se* reconhecer e *se* responsabilizar pelos males decorrentes de seu próprio modelo de organização. Daí a criação dos chamados *bodes expiatórios* — pessoas ou grupos de pessoas que, ao transgredirem as regras e as leis, são vistos como uma ameaça, encarnam hábitos, características percebidas como ruins, sendo, por isso, marginalizados. Loucos, subversivos, usuários de drogas, a cada momento histórico, foram considerados uma ameaça à sociedade, daí serem discriminados e marginalizados (Velho, 1981:55-64). Quem usa drogas é percebido como alguém que pratica um ato considerado "ruim", o que prova sua "fraqueza de caráter" — e o inevitável "dano à sua saúde". Acredita-se que o usuário seja "contaminado" pelo vírus da droga, que invadiu seu corpo, podendo contaminar os que vivem em torno, o que reforça seu isolamento. Esse preconceito, formado mais ou menos conscientemente, se reveste de uma dimensão moral, na tentativa de valorizar um estilo de vida considerado ideal, e se fortalece com o apoio da legislação proibicionista. Quem usa ou usou drogas transgrediu e fica marcado pelo desvio, porque desafiou os controles sociais vigentes, agiu no sentido contrário ao que a sociedade em que vive acredita, ameaçando seus valores, sua estabilidade. Assim, a opção por usar drogas ora é explicada como uma doença mental — considera-se impensável que alguém, com pleno domínio de si, tenha esse comportamento, visto como transgressor —, ora uma ação criminosa, no caso de uso de drogas ilícitas.

A essa discriminação, porém, se somam outras. Historicamente, imigrantes e estrangeiros que disputaram emprego em tempos de crise econômica têm sido discriminados como usuários de drogas. Nos centros de tratamento, muitas vezes se constata que mulheres dependentes de drogas chegam com mais agravos à saúde e restrições na vida familiar e comunitária do que homens dependentes da mesma substância. Muitas vezes já perderam a guarda dos filhos, enquanto os homens ainda convivem com eles e não perderam sua autoridade legal.

Existem muitos mitos sobre as drogas. Associa-se seu uso a juventude, preguiça, criminalidade, violência e desqualificação moral, daí a marginalização dos usuários, que são tratados como delinquentes que merecem castigo, segregação, internação compulsória. Mesmo os que deixaram o uso, mesmo os que não têm mais problemas com drogas continuam sendo vistos como suspeitos, potencialmente perigosos, podendo a qualquer momento *recair*. É comum quem já deixou de usar drogas continuar marcado pelos preconceitos que esses mitos geram socialmente, daí a dificuldade em conseguir manter o emprego.

A TV influencia a dependência ao mostrar como e onde encontrar drogas?

A televisão veicula programações que incidem sobre hábitos, modos de pensar e agir. Como se financia por anúncios pagos, incentiva, sem dúvida, o consumo dos bens anunciados. A mensagem subliminar diária é clara: "consuma e será feliz e reconhecido por seus pares", sem mais reflexões sobre o interesse, as possibilidades e o caráter efêmero de sua realização. Bebidas alcoólicas estão entre os bens anunciados. A influência dos comerciais no aumento do consumo de álcool entre os jovens gerou uma regulamentação específica, limitando o horário de anúncio. Proibiu-se o uso de imagens de crianças e símbolos infantis, assim como a mensagem subliminar de sucesso social e sexual associado ao contexto da marca da bebida, embora, inexplicavelmente, tais restrições não vigorem para a cerveja. A mensagem "beba com moderação" já é uma norma, mas tem impacto menor na publicidade.

A TV difunde também publicidade comercial de alguns analgésicos, ainda que sempre alerte para a importância de ouvir o parecer médico caso os sintomas não desapareçam. A publicidade comercial de tabaco foi banida da televisão, já que não se devem incentivar ou naturalizar práticas que reconhecidamente causam danos à saúde. Com essas regulamentações, reconheceu-se que as mensagens veiculadas pela TV têm o poder, sim, de contribuir, influenciar a dependência, na medida em que interferem nas decisões pessoais. A mudança de comportamento, os usos seguros ficam ainda mais comprometidos, uma vez que prevalece o incentivo geral de consumo de bens como ideal de cidadania.

Além da publicidade comercial, na televisão fala-se sobre drogas em algumas novelas e filmes nos quais aparecem personagens com dependência de álcool, da cocaína, por vezes de forma crítica, mostrando o sofrimento da família, as dificuldades e a necessidade de ampliação dos espaços e das possibilidades de tratamento. Em outros momentos, sugere-se o uso de drogas como solução — o personagem, por exemplo, que, estressado, recorre a remédios para se acalmar, para dormir, ou que, diante de algum problema que o aflige, sistematicamente recorre à bebida alcoólica. Em seus noticiários sobre fatos relacionados com drogas, a TV usa uma linguagem predominantemente de *guerra nas estrelas*, com um fundo musical dramático, acentuando ora a repressão (o combate *da polícia* versus *traficantes*), ora a discriminação/piedade pelos usuários (considerados indevidamente *responsáveis pela violência do tráfico, carentes de tratamento*). Hoje, ainda que a abordagem repressiva prevaleça, começa a existir algum espaço na TV para a discussão sobre formas alternativas de educação sobre drogas. Temas como a descriminalização do uso e mesmo a legalização das drogas, hoje tornadas ilícitas, começam a ser abordados, ainda que sempre fora dos horários considerados nobres, ou seja, de maior audiência.

Dizem que os grupos de rock geralmente se drogam, mas como então nos shows eles se lembram tão bem das músicas inteiras? Por que se diz que os músicos de rock usam drogas?

As bandas de rock, historicamente, fizeram uma crítica ao mundo estabelecido, ao modo de organização dominante das sociedades, trouxeram um forte conteúdo de inquietação, mudança, ruptura. Atraíram milhões de jovens para suas músicas, letras, arranjos musicais e preocupações, como "que país é este?", "a gente não quer só comida, a gente quer diversão e arte". Até que ponto essa associação dos músicos do rock a usuários de drogas, que, historicamente, também são alvo de discriminação e desqualificação moral, tem sido uma estratégia para diminuir a autoridade política e artística dessas bandas? Outro elemento para nossa reflexão é o fato de que alguns dos músicos do rock não ignoravam o *pharmakon* em cada droga, suas propriedades de, conforme a dosagem, dar prazer ou sofrimento. Alguns músicos chegaram a declarar o uso de drogas como forma de ampliar a consciência, a liberdade do pensamento e a criação, dando uma impressão positiva à experiência do consumo. Outros tiveram experiências danosas, como a dependência das drogas e até a morte. Assim, mesmo que músicos do rock possam usar algumas substâncias, isso não determina que, necessariamente, vão sofrer danos como esquecer suas músicas. Apesar dos riscos e dos danos eventuais de qualquer droga, nem sempre o uso dessas substâncias implica efeitos desconfortáveis. A prova é que eles se mantêm em atividade, com criatividade.

Muitos jogadores de futebol usam drogas? A maconha pode ser identificada no teste de antidoping?

Em 2012, um grande campeão de ciclismo europeu perdeu todos os seus prêmios por causa da comprovação de *doping*.[6] Na ocasião,

---

[6] O termo *doping*, em inglês (dopagem, em português), significa uso de substâncias proibidas por esportistas no intuito de aumentar a capacidade de

sugeriu-se inclusive não ser esse um fenômeno isolado, havendo também a convência de autoridades do esporte. Especialistas chegaram a se fazer a pergunta: seria possível desvincular o esporte dessa prática? De maneira geral, a preocupação em combater o *doping*, no intuito de garantir uma igualdade de oportunidades nas competições esportivas, já é antiga. Afirmar que muitos jogadores estão envolvidos com drogas é temerário. Sendo personalidades, os atletas têm suas vidas mais expostas nos meios de comunicação, e a prática dos testes *antidoping* contribui para criar essa sensação de que são muitos. Profissionais do futebol, com relações de trabalho intensas e contínuas, podem se envolver com drogas. Estressados por constantes deslocamentos para outros países e culturas, afastados da convivência familiar e comunitária de origem, sob violenta pressão de técnicos e torcedores, que exigem uma performance de sucesso, tornam-se objeto público de elogio ou de severa crítica. Tanto as bebidas alcoólicas quanto as outras drogas têm chances de entrar nesse circuito de trabalho, ampliando alegrias, consolando tristezas, mantendo-os em estado de constante alerta. Sistematicamente, têm sangue e urina coletados e testados, de forma aleatória, sendo esses exames sensíveis ao TCH (tetraidrocanabinol, princípio ativo da maconha) e aos anabolizantes que dão mais energia para competir. No esporte, os métodos laboratoriais estão cada vez mais sensíveis às drogas, permitindo detectar vestígios de até um ano depois de suspenso o consumo. Um fio de cabelo, por exemplo, é o bastante para provar que um ano antes o atleta usou maconha ou cocaína.

Como se conseguem drogas nas escolas? É fácil achar drogas?

Drogas lícitas ou ilícitas, hoje em dia, podem ser encontradas em muitos lugares, inclusive no interior de algumas escolas. Segundo os estu-

---

competir. A Agência Mundial Antidopagem (Wada) foi criada em 1999. Em 2005, foi aprovada a Convenção Internacional contra a Dopagem, em reunião promovida pela Unesco, em Paris, no intuito de preservar valores e regras éticos e educacionais no esporte, preservar a saúde dos atletas, erradicando a fraude e a concorrência desleal entre eles.

dantes, *as drogas podem ser levadas para dentro da escola por outros colegas, e outros ainda informam onde consegui-las na comunidade.* Há relato de alguns raros diretores que abrem um debate franco com estudantes e professores ou vão conversar com a comunidade de origem dos jovens, explicando o interesse em preservar o espaço de ensino, com conhecimento mesmo de grupos locais que comercializam a droga ilícita. Dessa forma, afirma-se a possibilidade de a escola ser um espaço protegido para crianças e adolescentes, um espaço de socialização, de construção do conhecimento, em que o exercício coletivo de convivência, baseada em princípios e práticas comuns, estrutura a subjetividade dos jovens, preparando-os para as escolhas que a vida coloca.

A localização de pontos de venda de drogas não é uma questão que passa pela decisão dos docentes. O que lhes cabe é contornar de forma pedagógica os riscos relacionados com a violência policial, a violência do comércio ilícito e a violência das armas usadas nos locais de venda dessas substâncias, quando próximos às escolas e presentes na própria escola.

É possível que um dia acabe o caso das drogas no Brasil ou no exterior?

Uma sociedade sem drogas nunca existiu. Ninguém pensa mais em proibir o uso de bebidas alcoólicas, mas estamos sempre procurando melhorar a regulação de sua produção, comércio e consumo como forma de prevenir abusos e acidentes. Aprender a lidar com os riscos decorrentes do uso de todas as drogas, discutir as possibilidades de uma legislação democrática, saber cuidar dos casos de uso problemático podem ser alternativas, em vez da ilusória expectativa de uma sociedade sem drogas.

Precisamos (re)criar controles sociais que nos protejam dos riscos eventuais, mas reais, decorrentes do uso. Re(criar) novas tradições, novos costumes e hábitos, familiares e comunitários, integrados e respeitados por todos.

Drogas... Que efeito isso tem?

Uma das questões mais comuns quando se fala em drogas diz respeito a seus efeitos no cérebro, no sistema nervoso central. Tema espinhoso e complicado, com tantas siglas e termos científicos, difíceis de entender. Muitas vezes, os efeitos farmacológicos que as drogas causam nas pessoas são apresentados como se fossem inexoráveis, como se as drogas fossem mais poderosas do que são. Essa crença exagerada em seu poder dificulta a compreensão real de seus efeitos, atrapalhando, assim, a possibilidade de as pessoas se prevenirem de seus riscos e danos eventuais.

Embora tenha se cristalizado, na sociedade brasileira, especialmente nas últimas décadas, uma série de crenças sobre as drogas, é interessante notar a recorrência das perguntas deste capítulo — "que drogas são essas?", "qual sua ação no cérebro?", "até onde vai seu poder?", "quais são os efeitos?", "quais são as *sensações* que provocam?" Afinal, somos mesmo, como dizem muitos, meros hospedeiros dessas drogas/vírus/males que nos atacam e invadem sem pedir licença, ou somos sujeitos de nossa história?

O que a droga faz no organismo de uma pessoa? É verdade que a droga mexe com o sistema nervoso das pessoas? Por que, quando as pessoas usam drogas, elas ficam fora de si, começam a falar nada com nada? Quais são os efeitos colaterais que as drogas provocam no organismo? Quais realmente são os males que a droga traz?

Em primeiro lugar, estamos falando aqui de drogas que alteram o funcionamento de nosso sistema nervoso central — o cérebro, em particular. Por isso, são chamadas de substâncias psicoativas. Em segundo lugar, devemos esclarecer que as drogas não são todas iguais. Falaremos, então, de cada uma das mais importantes em nossa sociedade.

O álcool é considerado uma substância do tipo depressora do sistema nervoso central, ou seja, ela altera quantitativamente o funcionamento do cérebro, diminuindo sua atividade geral. O álcool de início relaxa, e por isso a pessoa fica *alegrinha*, mas depois de algumas doses tende a ficar deprimida. Beber com o estômago vazio mais do que o organismo suporta, ou misturar vários tipos de bebidas, pode provocar mal-estar, náuseas, vômitos, entre outros efeitos. A partir de algumas doses, as pessoas ficam menos vigilantes e torna-se perigoso dirigir ou manipular máquinas de precisão. Há uma quantidade muito grande de acidentes de trânsito e de trabalho motivados pelo beber excessivo. Algumas pessoas perdem o controle de seu comportamento e podem ter atitudes violentas e agressivas. Também sob o efeito do álcool podemos ficar mais expostos a agressões, pois não conseguimos nos defender. O uso problemático de álcool está na origem de diversos tipos de doenças, como câncer, cirrose, perturbações cardiovasculares, doenças do pâncreas e doenças psíquicas (ansiedade, depressão).

Como o álcool, os calmantes também são considerados substâncias depressoras do sistema nervoso central. Remédios calmantes são drogas lícitas prescritas para acalmar e induzir o sono. São vendidos com bula, ou seja, contêm uma série de informações sobre como devem ser usados, chamando a atenção para os efeitos desejáveis e indesejáveis. O efeito desejável é o controle da ansiedade e a indução de sonolência. Os efeitos colaterais indesejáveis incluem taquicardia (ritmo do coração acelerado), reações alérgicas, agravos relacionados com doenças crônicas preexistentes, a capacidade que esses remédios têm de potencializar ou diminuir efeitos de outros remédios que a pessoa já use etc. Data de validade, contraindicações na gravidez, em idade avançada e na infância são dados que também previnem efeitos colaterais. Como causam sonolência, deve-se evitar manejar máquinas ou qualquer atividade que exija concentração.

Ao contrário do álcool e dos calmantes, a cocaína é considerada uma substância estimulante do sistema nervoso central, ou seja, altera quantitativamente o funcionamento do cérebro, aumentando sua atividade geral. É uma droga proibida por lei, e essa condição faz dela uma droga problemática, produzida clandestinamente, sem qualquer preocupação com a qualidade. Em sua apresentação pura, como cloridrato de cocaína, estimula o funcionamento do sistema nervoso central, provocando euforia, ânimo festivo, alerta e maior *pique* nas atividades do dia a dia. Quem faz uso frequente e abusivo pode sentir muita ansiedade, insônia, perda do apetite e até anorexia, suores, calafrios, bruxismo (maxilar rígido) e convulsões. Algumas pessoas tendem a aumentar a frequência do uso ou mudar a via de administração na procura de sensações mais intensas, que são sintomas do uso compulsivo e problemático. Alterações de comportamento com progressivo *deficit* no desempenho social, além de manifestações físicas, como o sangramento das mucosas do nariz, também evidenciam o uso compulsivo e a necessidade de parar.

Solventes são substâncias químicas capazes de dissolver outros materiais. Em geral, todo solvente é inflamável (pega fogo). É volátil, isto é, evapora-se facilmente, podendo ser inalado (introduzido no organismo pela aspiração). É uma das drogas mais utilizadas no Brasil entre adolescentes. Muitos inalantes contêm chumbo e outros metais pesados que, acumulados no corpo, causam lesões muitas vezes irreversíveis.

Os solventes são drogas que produzem depressão no sistema nervoso. Seu uso pode ser intensificado com o tempo, pela dependência com sintomas como alterações no comportamento e na motricidade, fraqueza muscular generalizada, reflexos deprimidos, tremores, visão turva ou dupla. Lesões no fígado não são incomuns, como a insuficiência renal, que pode ser irreversível, vindo o indivíduo a depender dos dolorosos procedimentos de diálise para sobreviver. A morte pelo uso de solventes pode vir por parada respiratória, que com frequência tem como causa um efeito direto no sistema nervoso, ou mesmo por asfixia, causada por aspiração de vômito.

Os agrotóxicos são também um exemplo de solvente. Utilizados para evitar pragas nas plantações, em geral acabam inalados de forma involuntária pela população, junto com os alimentos, ou pelos trabalhadores. Seus resíduos podem ser absorvidos pela respiração, pela pele e pelos cabelos. Intoxicam de forma crônica e cumulativa, abalando a saúde física e a mental. Insônia ou sono conturbado, ansiedade, retardo de reações, dificuldade de concentração e de raciocínio, falhas de memória e sequelas psiquiátricas, como apatia e irritabilidade, são alguns sintomas. A intoxicação crônica e cumulativa gera quadros de depressão com taxas alarmantes de suicídio, conforme registro de ocorrência num município do Rio Grande do Sul.[7] Agricultores mais idosos, analfabetos sem condições de ler rótulos/receituários agronômicos (que reconhecem os produtos pelas embalagens e pelas cores de suas tarjas de advertência), sem o hábito de usar equipamentos de proteção individual, correm risco no momento da aplicação do agrotóxico.

O que a cocaína tem para alterar nosso organismo? O crack pode trazer alucinações? Quanto tempo demora para se viciar em crack? Certas pessoas nas escolas usam crack para estimular o *bullying*? Existe clínica especializada em viciado em crack?

A cocaína é uma droga euforizante — droga de velocidade —, mas, além de nossa consciência, também altera o funcionamento de nosso organismo. Aumenta a energia e a resistência física, reduz a dor e o cansaço. Irritabilidade, alterações de humor, delírios paranoicos, insônias são alterações relacionadas com seu uso problemático. A cocaína provoca contração de grande parte dos vasos sanguíneos; tecidos mal-irrigados podem apresentar sangramento, caso das lesões da mucosa nasal. Podem acontecer perturbações e acidentes cardíacos em pessoas mais frágeis ou que associam o uso da cocaína a altas doses de tabaco e/ou álcool. Materiais utilizados no momento de uso, cachimbos,

---

[7] Em 1996, estudo científico de autoria de Werner Falk divulgado pelo deputado Marcos Rolim, presidente da Comissão de Direitos Humanos da Assembleia Legislativa do Rio Grande do Sul, registrou no *município de Venâncio Aires/Rio Grande do Sul casos de depressão seguida de suicídio, num quadro de uso involuntário de agrotóxicos nas lavouras de fumo. O diagnóstico desses casos foi de difícil comprovação, porque a tendência é valorizar fatores psicológicos individuais, como problemas financeiros, crise do modelo econômico de agricultura familiar, aumento do uso desses produtos, episódios de alcoolismo associado, isolamento do local de moradia na origem dos suicídios.* O Ministério Público Federal, em Porto Alegre, decidiu instaurar um inquérito civil público para esclarecer a situação, questionando as indústrias do fumo.

seringas e agulhas podem transmitir doenças como hepatites e Aids, quando compartilhados entre pessoas portadoras dessas doenças. O crack não é uma droga distinta da cocaína. É a própria cocaína transformada em um composto disponível para o consumo pelo fumo. O nome crack é derivado do ruído produzido pelas pedras de cocaína quando volatilizadas pelo calor.

O início do uso do crack se deu na década de 1980, e seu sucesso atrelou-se aos baixos custos de produção e aquisição (em 1989, nos Estados Unidos, uma porção de crack valia em torno de 15 vezes menos que a mesma porção de cocaína em pó). Seu uso se disseminou pelos estratos economicamente mais baixos da população norte--americana, impedida de adquirir o cloridrato de cocaína por causa de seu alto custo. O baixo preço do crack se deve à pequena quantidade de cloridrato de cocaína utilizado na formulação. No Brasil, na década de 1990, estava restrito à cidade de São Paulo; hoje se disseminou pelo país.

Não há uma regra quanto ao tempo que se leva para tornar-se dependente desta ou de qualquer outra substância. Isso porque a dependência não resulta apenas dos componentes químicos, mas também da história de cada um, das motivações de consumo, do meio e momento em que a experiência acontece. Alguns autores dizem que apenas o uso recorrente do crack causa dependência; outros afirmam que a intensidade e a rapidez da euforia e a consequente vontade de voltar a usar fazem do crack uma droga com alto potencial de dependência.

Como o crack é absorvido pelo pulmão, órgão altamente vascularizado, o efeito no sistema nervoso central é instantâneo, passando a substância quase integralmente à corrente sanguínea e ao cérebro, o que potencializa sua ação no organismo, em geral em menos de 15 segundos.

Relacionar uso de crack e *bullying* nas escolas é delicado: nenhuma droga tem o poder de transformar alguém calmo numa pessoa violenta. Muitas vezes, o uso serve como álibi para diminuir a responsabilidade do sujeito por seus atos violentos, pelos delitos que venha a cometer, como se ele não estivesse com pleno domínio de si, buscando, assim, provas de sua inocência.

O Ministério da Saúde criou serviços de saúde especializados no tratamento da dependência de álcool e de outras drogas, inclusive do crack. Prestam atendimento ambulatorial a pessoas com sofrimento psíquico, diminuindo e evitando internações psiquiátricas. Os chamados Centros de Atendimento Psicossocial para Usuários de Álcool e Outras Drogas (os CAPs AD) são articulados com toda a rede de saúde prevista pelo Serviço Único de Saúde (SUS). Favorecem a reinserção dos usuários na comunidade, estimulam a convivência familiar e social, apoiam e incentivam iniciativas de busca de autonomia. Algumas universidades públicas criaram serviços especializados para atender pessoas dependentes de drogas. É o caso do Nepad (Uerj, Rio de Janeiro), do Proad (Unifesp, São Paulo) e do Cetad (UFBA, Salvador), entre outros.

A dependência das drogas deve ser sempre considerada uma situação provisória, e o melhor tratamento é aquele centrado no sujeito, e não na droga, com o objetivo de fortalecer o autocuidado e a melhoria da saúde como qualidade de vida. Associações de Redutores de Danos promovem orientação e atendimento nas chamadas feiras de drogas ou *cracolândias*, onde circulam os usuários de quaisquer drogas, não apenas de crack.

Ainda no que se refere ao tratamento, sempre há aqueles que consideram a internação uma medida que possibilitará a "cura" dos dependentes de crack ou outras drogas. Na verdade, isso é um mito; as internações são apenas parte de um contexto de tratamento que deve sempre ser baseado nas ações extra-hospitalares, com estímulo para o fortalecimento dos vínculos societários do indivíduo. Situações como a internação compulsória (por determinação judicial), embora previstas em lei, de maneira nenhuma podem ser generalizadas. Ademais, qualquer internação, quando não articulada com outras políticas de (re)integração social, de (re)construção de um projeto de vida, de futuro, não resolve.

As drogas podem causar alucinações? Por que elas alucinam?

Algumas drogas alteram qualitativamente as funções cerebrais e podem produzir alucinações. São também denominadas drogas perturbadoras da atividade do sistema nervoso central. Nessa classificação estão a mescalina (do cacto mexicano), a maconha (seu princípio ativo é o

THC, tetraidrocanabinol), a psilocibina (cogumelos), o lírio (trombeteira, zabumba ou saia branca), o LSD, o ecstasy e os anticolinérgicos.

A alucinação é uma alteração mental que leva uma pessoa a, por exemplo, ver cenas inexistentes, ouvir vozes, ou seja, crer na existência de estímulos sensoriais ou percepção real de objetos inexistentes que ninguém, além dela, percebe e compreende.

Outras drogas, mesmo não sendo preferencialmente alucinógenas, podem produzir alucinações em determinadas situações de intoxicação. É o caso da *noia* relatada por muitos usuários de cocaína e crack, que se refere a um tipo de alucinação na qual o usuário sente-se erroneamente perseguido por algum inimigo inexistente. É também o caso das alucinações táteis (em geral, o usuário vê bichos andando pelo próprio corpo), que ocorrem na síndrome de abstinência causada pela supressão abrupta do uso de álcool.

O que causa um mal maior nas pessoas ou em seu organismo: maconha ou cocaína?

O uso problemático de qualquer droga faz mal ao organismo e à vida das pessoas. Há pessoas que experimentam uma droga uma vez, ou mesmo algumas vezes, e não têm maiores problemas. Há outras que, depois da primeira experiência, voltam a usar a droga em algumas ocasiões, ou mesmo habitualmente, sem que isso comprometa suas atividades, seus afetos, seu trabalho e sua vida em geral. Muita gente acha que a maconha é uma droga *leve*, e a cocaína, uma droga *pesada*, na crença de que os riscos de dependência e os riscos sociais seriam mais leves para a primeira. De fato, cada sujeito, num contexto particular, reage de forma diferente à droga. O que pode hoje ser *leve* amanhã pode se tornar *pesado*. O que interfere também no fazer mal é a relação estabelecida com a droga. Há pessoas que fazem uso social de uma droga, outras só conseguem ter um uso problemático. Dependendo do momento de vida, uma droga considerada *leve* pode se tornar *pesada* para a mesma pessoa. Maconha e cocaína são drogas proibidas por lei, portanto seu uso implica a possibilidade de quem usa ter problemas com a Justiça. Sendo drogas proibidas, a qualidade de sua produção não é conhecida. Por sua produção ser clandestina, misturada a outras substâncias tóxicas, seu uso pode ser danoso ao organismo e, por vezes, fatal.

A heroína é para ingerir? Qual o efeito sobre a mente humana? Como a pessoa fica depois de ingerir heroína?

A heroína é uma droga que reduz o ritmo de funcionamento do sistema nervoso central. Trata-se de um pó que, diluído e submetido ao calor, pode ser injetado por via endovenosa. Pode também ser cheirada, fumada. Provoca como efeito imediato uma sensação de êxtase, seguida de sonolência, diminuição da ansiedade e da depressão. Em alguns casos, a pessoa sente náuseas, vertigens, o ritmo cardíaco diminui, às vezes sente um mal-estar psíquico, uma necessidade de esquecimento. Com o tempo de uso, algumas pessoas sentem necessidade de aumentar a dose na tentativa de repetir o prazer experimentado nas primeiras experiências. Insônia, anorexia, ansiedade, agitação são características de dependência. Há possibilidade de danos sociais importantes em razão do processo de marginalização que seus usuários sofrem. A overdose de heroína se caracteriza por insuficiência respiratória, perda dos sentidos e eventualmente morte. O uso endovenoso pode levar ao risco de contaminação pelo vírus HIV e hepatites B e C, em caso de compartilhamento de seringas e agulhas entre usuários.

Que influência tem o xarope, o chá de cogumelo?

Ambas são drogas que perturbam o sistema nervoso central. Xaropes, à base de codeína, têm como efeito primário suprimir a tosse. As farmácias, hoje em dia, só podem vender xaropes com apresentação de receita médica. Seu uso problemático tem como efeitos a contração dos vasos sanguíneos da periferia do corpo, tremores e taquicardia, provocando sobrecarga do coração. Pesquisas domiciliares realizadas no Brasil apontam esses xaropes como a oitava droga mais utilizada entre os entrevistados (Cebrid, 2006).

O chá de cogumelo é uma solução líquida composta por substâncias psicoativas extraídas de fungos alucinógenos. A quantidade de cogumelos usados para produzir o chá varia de acordo com a quantidade de psilocibina contida neles. O efeito do chá varia de acordo com a quantidade ingerida — quanto maior a quantidade, mais intensos os efeitos. Os efeitos mais comuns consistem em mudanças no campo visual, que vão desde a percepção das cores mais vivas e brilhantes até alucinações visuais mais intensas, como objetos se transformando em outros; alterações da memória de curto prazo; distorção do tempo, que tende a parecer mais longo; aceleração do pensamento, causando em algumas situações certa confusão; e alucinações tridimensionais quando os olhos se fecham. O uso em quantidade muito elevada pode causar mal-estar e incapacidade físico-motora. A ingestão de água ajuda a eliminar a substância e auxilia na desintoxicação.

O que significa LSD? De que é feito? De que deriva? Quais as sensações sentidas por uma pessoa sob seu efeito?

LSD é a abreviação de dietilamida do ácido lisérgico. Já relatamos aqui sua descoberta em 1943 por Albert Hoffman, químico suíço, quando pesquisava princípios ativos extraídos de fungos que atacavam o centeio e outros cereais. Hoffman descobriu que os efeitos alucinógenos desse ácido podem alterar significativamente a relação com a realidade. O LSD é uma droga que perturba o funcionamento do sistema nervoso central. Seu uso teve origem nos anos 1960, auge do movimento de contracultura norte-americano, quando a liberdade, o amor e o misticismo eram exaltados. Os consumidores buscavam, com a droga, aumentar o estado de consciência, expandir a mente. Os efeitos do LSD variam de acordo com o organismo de quem usa e do ambiente. Formas, cheiros, cores e situações se alteram, criando ilusões e delírios, uma espécie de jogo de imagens em que estímulos visuais ganham características auditivas, como uma cor passa a ter som. Fisicamente, os efeitos são relativamente leves, como dilatação das pupilas, aceleração dos batimentos cardíacos, transpiração abundante, náuseas.

Qual o efeito que o ecstasy provoca durante e após o uso?

O ecstasy é uma droga que estimula o funcionamento do sistema nervoso central, produzida em laboratórios clandestinos na forma de comprimidos. As pessoas que o usam sentem bem-estar, prazer, relaxamento, mais energia, desinibição, uma sensação de liberdade em relação aos outros, uma ligeira ansiedade, exacerbação dos sentidos e a impressão de compreender e aceitar todas as pessoas em volta. A pressão arterial e o ritmo cardíaco aumentam, os músculos da face ficam contraídos e a pele fica úmida. A desidratação que provoca no organismo requer a ingestão de líquidos, mais ainda se a pessoa faz esforços físicos importantes. O uso frequente pode provocar ansiedade e depressão, sintomas de perturbações psíquicas mais graves. Pessoas mais vulneráveis, com perturbações do ritmo cardíaco, asma, epilepsia, problemas renais, diabetes, fadiga intensa, problemas psicológicos ou que já estão sob algum tratamento medicamentoso, podem ter complicações mais graves.

Em quanto tempo a maconha, a cocaína, o crack e a merla saem do organismo?

O tempo que o organismo de uma pessoa leva para eliminar cada uma dessas drogas depende de algumas variáveis, como quantidade e qualidade da substância consumida, além das condições do metabolismo individual. Podemos considerar a média, que se baseia no tempo máximo para detectar cada uma dessas substâncias (e seus metabólitos) na urina. Quem usa maconha até quatro vezes por semana pode ter a substância detectada entre 48 a 72 horas. Se o consumo for diário, a substância poderá ser detectada na urina por mais de 12 semanas. A cocaína (inclusive o crack e a merla) pode ser detectada entre quatro a cinco dias.[8]

Qual a diferença de aspecto entre um drogado e um bêbado? Como posso diferenciar uma pessoa que está drogada de um bêbado?

Quando ultrapassamos os limites da bebida, seja pelo aumento da quantidade, seja pela frequência de uso, algumas características são visíveis, mas cada pessoa reage de forma diferente, de acordo com seu tamanho físico, seu estado de saúde físico e psíquico, seu momento

---

[8] *Journal of the American Medical Association's Council on Scientific Affairs* (n. 112, p. 3, 1987).

de vida. Homens e mulheres reagem de forma diferente. A noção de ultrapassar os limites, portanto, depende da pessoa e do contexto. Em média, cada copo de bebida leva uma hora para ser absorvido. O álcool não é digerido, mas passa diretamente do tubo digestivo para o sangue em alguns minutos, e assim para todo o organismo. Beber com o estômago vazio faz com que o álcool chegue mais rápido à circulação sanguínea. Sob o efeito de uma dose moderada de álcool, a pessoa fica desinibida, alegre, confunde os limites. Já o bêbado tem mudanças de humor repentinas e injustificadas. Alguns sintomas visíveis são as perturbações da coordenação muscular e dos reflexos neurológicos, o andar trôpego e o comportamento alterado.

Em relação ao aspecto de um drogado, suas características variam segundo a droga de uso. A cocaína, em doses altas, provoca agitação, ansiedade, paranoia, insônia ou pesadelos, tremores e movimentos musculares involuntários, delírios de grandeza. Com o tempo, a pessoa perde peso, o interesse pela vida, tem dificuldades de memória, muda de humor com muita facilidade. Quem tiver um temperamento particularmente agressivo, vai liberar essa característica de forma mais intensa.

Nem sempre os dependentes de drogas matam ou fazem algo parecido, sem pensar. Como se pode saber isso? Por que as pessoas que usam drogas ficam violentas?

Não é possível prever quem poderá cometer um crime, seja quando essa pessoa está sob efeito de alguma droga, seja quando está sóbria. As drogas, em si, não têm nenhum elemento que leve o sujeito a ficar violento e/ou cometer crimes. Vários fatores intervêm na prática de um crime; o próprio ato criminoso não pode ser determinado, explicado por um fator apenas. A violência, o crime, quando praticado por alguém sob o efeito de uma droga, precisa ser contextualizado. Quando uma pessoa faz uso de uma droga estimulante e se torna violenta, comete um crime, muitas vezes a sensação provocada pela droga deixou-a mais confiante, mais desperta. No entanto, essa substância é a mesma utilizada quando alguém deseja manter-se desperto e animado em uma festa que dure toda a madrugada, por exemplo. Assim, é possível perceber que não é a ação da droga isoladamente que faz com que uma pessoa fique violenta e/ou cometa um crime, mas sim essa ação relacionada com as características da personalidade de quem usa e sua história de vida.

Quem usa? O que usa? E por que usa?

A epidemiologia estuda quantitativamente a distribuição dos fenômenos de saúde e doença, bem como seus fatores condicionantes e determinantes nas populações humanas. As pesquisas brasileiras sobre o consumo de drogas, entre estudantes e na população em geral, nos esclarecem e ajudam a construir nosso ponto de vista, superando o senso comum, tão permeado por mitos e meias-verdades. A construção dos dados e a metodologia de sua coleta são feitas por pessoas que também têm opiniões, e isso pode influenciar a análise dos resultados — daí a importância de acessar estudos científicos confiáveis e procurar, a cada momento, aprofundar o conhecimento. O uso de drogas é uma experiência humana. No Brasil, os estudos até hoje realizados mostram que muitas pessoas usam drogas, sendo as permitidas por lei as preferidas, e os motivos são os mais variados, como a busca de prazer, para integrar-se melhor ao grupo, compensar angústias, superar-se.

Quais os tipos de drogas mais usadas na sociedade? Por quê? As drogas mais usadas no Brasil também são as mais comuns na Europa? Qual o país com o maior número de viciados?

Pesquisas brasileiras sobre consumo de drogas psicotrópicas entre a população em geral nos locais de moradia (Cebrid, 2005) e entre estudantes (Cebrid, 2010) definem as drogas psicoativas de maior incidência de consumo. Levam em conta as condições de vida dos entrevistados, o nível de informação e impressões sobre o tema e os vários tipos de uso: *uso na vida*, ter feito uso de uma droga pelo menos uma vez nos últimos seis meses antes da pesquisa; *uso frequente*, seis ou mais vezes no mês que antecedeu à pesquisa; e *uso pesado*, 20 vezes ou mais no mês que antecedeu à pesquisa. Também indagam a ocorrência de problemas na família e na escola relacionados com drogas. As substâncias psicoativas de uso involuntário não têm sido consideradas nesses levantamentos.

De acordo com o levantamento domiciliar (Cebrid, 2005), as drogas mais consumidas entre os homens em termos de *uso na vida* são o álcool e o tabaco. Segue-se o consumo de maconha, solventes, cocaína, alucinógenos, crack, merla e esteroides (anabolizantes, que reforçam os músculos). As mulheres usam principalmente estimulantes, tranquilizantes, orexígenos (interferem no apetite) e opiáceos.

Entre os estudantes, as drogas de maior prevalência em termos de *uso na vida* também são o álcool e o tabaco. Segue-se o uso de solventes/inalantes, maconha, ansiolíticos, cocaína, anfetaminas e o crack, não sendo este último uma droga de destaque entre os jovens pesquisados.

O consumo de drogas é um fenômeno mundial. A comparação é feita em termos de *uso na vida* (uma experiência pelo menos nos últimos seis meses) e *uso no ano* (pelo menos uma vez nos 12 meses que antecederam a pesquisa) entre países sul-americanos e europeus. Em termos de *uso na vida*, os estudantes brasileiros consomem menos álcool que os estudantes do Uruguai e da Colômbia e mais que os de Chile, Argentina, Equador, Paraguai, Peru e Bolívia. Consomem menos que Alemanha, Reino Unido, Suíça, Itália, Holanda, França, Irlanda e Portugal. Quanto ao *uso no ano* (pelo menos uma vez nos 12 meses que antecederam a pesquisa), o Brasil consome mais que Paraguai, Equador, Peru e Bolívia, e menos que Alemanha, Reino Unido, Suíça, Holanda, França, Itália, Portugal e Irlanda. O consumo de bebidas alcoólicas entre jovens brasileiros está dentro da média internacional (Cebrid, 2010).

O *uso na vida* do tabaco entre os estudantes brasileiros tem o menor nível entre os países sul-americanos e europeus citados. Quanto ao *uso no ano*, o Brasil tem o menor índice entre os países sul-americanos.

O *uso na vida* da maconha no Brasil fica abaixo dos índices de Suíça, França, Reino Unido, Holanda, Itália, Alemanha e Irlanda, e acima de Equador, Peru, Bolívia e Paraguai. O Brasil é o quarto país com maior *uso na vida* dos inalantes, à frente dos demais países sul-

-americanos e europeus citados. Fica em terceiro lugar em termos de *uso no ano*. Quanto ao crack ou pasta base da cocaína, tanto em termos de *uso na vida* quanto de *uso no ano*, o Brasil tem o menor consumo entre países sul-americanos e europeus.

Por que as pessoas preferem as drogas às bebidas?

Considerando-se os dados aferidos, nas pesquisas brasileiras já citadas, essa impressão não se confirma; pelo contrário, as drogas de maior índice de consumo no Brasil são o álcool e o tabaco, seja em termos de uma primeira experiência, seja de uso dependente.

A crença expressa nessa pergunta se baseia no *senso comum*, conjunto de crenças sem fundamentos científicos e que, de tanto repetidas, parecem verdadeiras. Cada pessoa elege suas preferências, opta seja pelos efeitos das bebidas alcoólicas, do tabaco, dos medicamentos psicotrópicos, seja pelos das drogas ilícitas. Riscos da transgressão, da violência do mercado ilegal são considerados excitantes, o que mostra que a proibição pode ser um estímulo ao consumo das drogas tornadas ilícitas. A personalidade de cada um influencia a escolha por uma droga, e essa preferência tem a ver também com o meio no qual se vive.

Como as pessoas começam a usar drogas? Como é o processo que leva as pessoas a usá-las?

O uso de drogas faz parte da experiência humana. A curiosidade e a expectativa de sentir prazer, a associação do uso de drogas ilícitas e risco, entre outros, motivam o uso. Pesquisas brasileiras dizem que a iniciação às drogas acontece no próprio meio familiar ou por sugestão de amigos, enfim, de pessoas próximas de sua convivência.

A idade média da primeira experiência de uso de drogas, em geral, é precoce, podendo acontecer muito cedo, em idade inferior a 10 anos. As bebidas alcoólicas se destacam como a droga da primeira experiência, com idade de uso mais precoce em relação às outras drogas (13 anos). A iniciação às drogas ilícitas tende a acontecer mais tarde (14, 16 anos). Segundo depoimentos de estudantes (Abramovay e Castro, 2005) de escolas públicas e particulares brasileiras, os primeiros contatos com o álcool são facilitados pela própria família. Alguns jovens dizem que os pais são consumidores habituais e oferecem e estimulam o consumo dos filhos: "meu pai insiste para eu beber"; "não, pai, não quero"; "vai, só um pouquinho". Mesmo antes da adolescência recordam terem sido autorizados a beber pequena quantidade de sangria (vinho misturado a frutas). Mais tarde, em companhia dos pais, relatam ser comum uma pequena quantidade de bebida alcoólica durante as refeições.

Um dado recorrente nos seis levantamentos sobre uso de drogas entre estudantes é o uso não médico de drogas lícitas. Medicamentos que acalmam, reduzem a ansiedade, estimulantes, inalantes/solventes e energéticos são comercializados legalmente, podendo ser adquiridos, ainda que sob controle. Fazem parte da *farmácia* doméstica. Às vezes o consumo é facilitado pelos amigos. O uso não médico de drogas lícitas é maior quando comparado ao uso de drogas ilícitas, fortalecido pelo "exemplo de casa".

Que fatores levam os adolescentes a se drogar? Querem esquecer, fugir da realidade, escapar dos problemas que os cercam? Será que a droga resolve o problema deles? As pessoas se drogam por causa da repressão familiar? Ou por influência do grupo?

A adolescência é a *porta de entrada* para a vida adulta. Na infância, estavam sob a proteção dos pais, mas na adolescência os jovens se lançam no mundo, com particular poder de observação e ação diante do que se passa à sua volta. Nesse momento, buscam construir sua identidade entre seus pares, junto aos colegas e amigos. Dentro desses grupos há influência sobre comportamentos, linguagem, lazer, vestimentas, sexo e drogas.

Como o uso da bebida alcoólica tem forte componente cultural, tende a ser a primeira droga de consumo. Seu uso faz parte dos rituais de sociabilidade, em rodas de bar, bate-papo, festas, dando ao jovem uma sensação de poder, de autoafirmação diante dos amigos e dos demais. Em alguns casos, a motivação para o uso de álcool e outras drogas se soma à iniciação sexual. Alguns adolescentes falam da sensação de coragem *para chegar*, para se comportar como homem e mulher adultos.

A influência da família no uso de drogas aparece com menor frequência do que a dos amigos, segundo a percepção dos jovens (Cebrid, 2006). Embora alguns digam que iniciaram o uso da bebida alcoólica na casa dos pais, esse fato não tem papel determinante na aquisição e na consolidação do hábito. A qualidade da relação com a família contribui para o amadurecimento emocional, a habilidade de lidar com frustrações, questões que serão importantes para prevenir posteriormente o uso problemático das drogas. A religião aparece como fator de proteção diante do risco de dependência. Já a prática de esportes não teria influência no *uso pesado*.

Parece, portanto, que o início do uso de drogas está diretamente relacionado com a experiência e a expectativa do prazer, o processo de experimentação de novas sensações e os rituais de socialização que fortalecem a identidade do jovem e seu pertencimento ao grupo de referência. Na percepção dos jovens escolarizados, com o uso de drogas não buscam sempre esquecer ou resolver problemas, fugir da realidade ou de problemas familiares. A influência do grupo, segundo eles, tem mais força na iniciação do uso.

Crianças e adolescentes que estão fora da escola, vivendo nas ruas, usam drogas pelo prazer, para esquecer as privações — fome, violência, perda dos laços familiares, falta de perspectivas de futuro — a que estão expostas e, em casos mais graves, para diminuir o desconforto dos sintomas da abstinência das drogas que vêm usando. As motivações de uso de drogas se relacionam com a história de vida de cada um, com o contexto em que vivem e com o tipo de relação que estabelecem com essas substâncias.

Qual a porcentagem de jovens drogados? É verdade que a maioria dos adolescentes usa drogas?

Segundo pesquisa já citada (Cebrid, 2005), o percentual de jovens dependentes — uso associado a perturbações cognitivas, comportamentais e psicológicas, com descontrole e persistência no uso, apesar das consequências adversas — é menos significativo que o relacionado com o *uso na vida*. O álcool é a droga de maior incidência de consumo no Brasil, com índices de 74,6% no *uso na vida*, caindo esse percentual para 12,3% no uso dependente. O *uso na vida* do tabaco, avaliado em 44%, cai para 10,1% no que se refere ao uso dependente.

Segundo pesquisas feitas entre estudantes (Cebrid, 2005, 2010), comparando-se o *uso na vida* das cinco drogas de maior consumo (à exceção do álcool e tabaco), percebe-se que houve redução do consumo de algumas drogas: solventes/inalantes (15,5%–8,1%), maconha (5,9%–5,8%) e anfetamínicos (3,7%–2,1%). Por outro lado, aumentou o índice de *uso na vida* de outras drogas: ansiolíticos (4,1%–4,6%) e cocaína (2,0%–2,8%). Permaneceu estável o índice de *uso na vida* de crack (0,7%–0,7%) (Cebrid, 2010).

Segundo estudo recente sobre o consumo de crack e similares (pasta base, merla e óxi) (Bastos e Bertoni, 2013), os usuários são adultos jovens, em média com 30 anos de idade. Nessa pesquisa, não se observou presença expressiva de crianças e adolescentes, mas um dos argumentos mais fortes da política antidrogas é a proteção da juventude, os jovens, principalmente os mais desfavorecidos, que seriam os que mais consomem drogas ilícitas. Contudo, se as pesquisas realizadas entre estudantes assinalam que o *uso na vida* é mais alto do que o uso dependente, havendo, nos dois casos, prevalência maior de uso das drogas permitidas por lei, a preocupação com os jovens deveria redundar em maior acesso à informação científica, amplos debates, e não meras palavras de ordem que infundem terror, não fazem pensar, refletir, não promovem de fato a consciência dos riscos.

A proibição de algumas drogas e o comércio ilícito parecem contribuir para o aliciamento de pessoas mais jovens, ingênuas e impetuosas, condição própria da idade. Mas a falta de perspectiva de futuro, o abandono desses jovens, a falta de políticas públicas favorecem todo tipo de violência. A droga aparece, então, como a causa de todos os problemas da juventude, quando na verdade esses problemas são de fato efeito de uma situação de vulnerabilidade.

Por que os adolescentes se viciam? O que pretendem com isso? Em quanto tempo a pessoa começa a virar dependente?

Quem experimenta drogas não pretende se tornar dependente. É bom lembrar mais uma vez que a dependência resulta da relação que o sujeito estabelece com uma substância psicoativa, num meio e momentos socioculturais determinados.

A dependência de drogas não é apenas *química*. A memória do prazer, sentido da primeira vez, pode contribuir para que se volte a fazer uso. Quem vive uma relação dependente com a droga corre o risco de ter problemas com a família, no trabalho, tendendo a se afastar de tudo e de todos. Para tentar entender o *porquê* do uso problemático, é importante ouvir a história de vida do sujeito e perceber o lugar que a droga ocupa em seu cotidiano.

O tempo que uma pessoa leva para se tornar dependente varia de acordo com suas características biológicas, psicológicas, culturais e sociais, entre outras. Crianças e adolescentes estão mais expostos à dependência — segundo pesquisas recentes (Cebrid, 2010), o uso experimental de drogas na infância e na puberdade pode levar à dependência na vida adulta. No que se refere especificamente ao alcoolismo, sabe-se que há um tempo médio de 10 a 15 anos para que se configure a dependência na população adulta. Outras drogas com possibilidade de dependência maior, como tabaco, morfina, cocaína e crack, têm tempos muito menores e distintos entre si, articulando-se sempre à personalidade de quem usa e ao meio e momento sociocultural em que se dá o consumo.

Se uma pessoa começar a se drogar com 12 anos, até que idade aproximadamente ela vai viver?

Depende do que se entenda por *se drogar*. A primeira experiência ocorre em média aos 13 anos, podendo acontecer precocemente, em idade inferior a 10 anos. Sem dúvida, é melhor retardar a primeira experiência do uso de drogas para que ela aconteça quando a pessoa estiver mais consciente do que é bom para si, quando tiver discernimento para avaliar riscos e danos.

Vejamos o caso da bebida alcoólica. É com essa idade, 12 anos, que a média da população relata ter iniciado o uso. Alguns adultos *brincam* fazendo as crianças provarem bebidas, de forma irresponsável. Há pessoas que experimentam beber cerveja e não gostam, algumas desistem do uso, outras se habituam, bebem em certas circunstâncias, outras, em menor número, tendem a se tornar dependentes.

Os dados de morbidade por causas relacionadas com o uso e o abuso de bebidas alcoólicas têm fontes diversas. Um dos indicadores é a taxa de uso abusivo de álcool, definido pelo estudo já citado como "percentual de adultos maiores de 18 anos que, nos últimos 30 dias, consumiram quatro ou mais doses (mulher) ou cinco ou mais doses (homem) de bebida alcoólica em uma mesma ocasião" (Brasil, 2012). Os resultados evidenciam prevalência em torno de 27% para homens e de 9% para mulheres, com aumento progressivo entre 2006 e 2008 para ambos os sexos. A causa de mortalidade mais diretamente relacionada com o uso abusivo de álcool é a doença alcoólica do fígado. Dados colhidos entre 2006 e 2009 mostram que o número de óbitos em homens é muito maior que em mulheres, e que há aumento no número absoluto de óbitos. Chama a atenção o número de óbitos em razão dessa causa em São Paulo, estado que teve, em 2009, um número total de 2.482 óbitos, mais de um quarto do total de óbitos no país (Vigitel; Ministério da Saúde, 2006). Em relação às drogas tornadas ilícitas, a possibilidade de se tornar dependente também varia. Há pessoas que ficam na primeira experiência, outras desenvolvem um uso frequente e problemático. Sem dúvida, a proibição de produção, venda e uso dessas drogas não contribui para a prevenção dos danos à saúde. Solicitar informação, cuidar-se, buscar tratamento, no contexto de uma legislação que proíbe o uso de drogas, é difícil, por vezes quase impossível, porque quem usa tem medo de se identificar, o que aumenta a possibilidade de riscos, que são eventuais mas reais. Muitas pessoas em situação de dependência de drogas ilícitas chegam aos centros de tratamento com a saúde já bastante deteriorada pelas dificuldades de ajuda.

Há mais viciados em cocaína ou em maconha?

A maconha é a droga ilícita de maior consumo no mundo. Em 2009, o Escritório das Nações Unidas contra Drogas e Crime (UNODC) estimou que entre 125 milhões e 203 milhões de pessoas em todo o mundo fizeram uso dessa droga. O consumo da cocaína é muito inferior ao da maconha. No Brasil, entre as drogas mais consumidas a maconha ocupa o quarto lugar, depois de álcool, tabaco e solventes.

A cocaína está em sexto lugar, depois de álcool, tabaco, solventes, maconha e ansiolíticos.

As pesquisas brasileiras recentes apontam tendência de redução do *uso na vida* (ter feito uso de determinada droga pelo menos uma vez nos últimos seis meses). No que se refere à maconha, esse tipo de uso diminuiu nas regiões Norte, Nordeste, Centro-Oeste e Sudeste, tendo aumentado apenas na região Sul.

Em relação à cocaína, diminuiu o *uso na vida* na região Norte e houve aumento nas regiões Nordeste, Centro-Oeste, Sudeste e Sul.

O ecstasy é uma droga vendida só em São Paulo ou tem no Rio também?

O ecstasy é uma substância psicoativa (MDMA, 3,4 metilenodioxi-metanfetamina) fabricada em 1914. Tem a forma de comprimidos, cápsulas e pó. De início, foi usada como moderador de apetite (remédio para emagrecer). É uma droga consumida nas capitais, como São Paulo e Rio de Janeiro, principalmente por pessoas que costumam frequentar as festas rave. Mas isso não significa que toda pessoa que vai a uma rave use ou venda ecstasy, nem que ele só seja vendido e consumido no Rio e em São Paulo.

Na faculdade, o consumo de drogas é muito alto? Por quê?

Pesquisa recente (Faculdade de Medicina da USP, 2010) entrevistou 18 mil jovens matriculados no ano letivo de 2009 em 100 instituições de ensino superior nas 27 capitais do Brasil. Segundo o estudo, o percentual do consumo de álcool foi maior entre os estudantes de universidades do que entre a população em geral. O estudo revelou que, entre os jovens menores de 18 anos, 80% já consumiram bebidas alcoólicas. Esses dados confirmam outras pesquisas aqui citadas no que diz respeito à maior prevalência de consumo das bebidas alcoólicas.

Na pesquisa, constatou-se que 22% dos universitários correm o risco de desenvolver dependência de álcool, e 8%, de desenvolver dependência de maconha. Quando perguntados por que estavam usando drogas, o principal motivo citado foi o prazer — 47,8% disseram que *gostavam*. A resposta pode estar relacionada com o ambiente universitário, espaço de ampliação das trocas culturais e de experimentação de maior liberdade.

Quanto a considerar esse percentual muito alto entre universitários, é discutível. O *uso na vida* equivale à primeira experiência com drogas, significa ter feito uso pelo menos uma vez nos últimos seis meses que antecederam à pesquisa. Ao reconhecermos que a humanidade conhece, procura as drogas desde os primórdios de sua história, esses índices não são assustadores, até porque já ter consumido bebidas alcoólicas, ou mesmo alguma droga de uso ilícito, não significa obrigatoriamente ter feito uso problemático.

Qual a incidência do uso de drogas, considerando as diferentes faixas etárias?

Pesquisa já citada aqui (Cebrid, 2010) ouviu dois grupos de estudantes de escolas públicas e privadas entre 10 e 12 anos e entre 19 anos ou mais. As duas faixas etárias com maior índice de *uso na vida, no ano, no mês, frequente* e *pesado* de drogas em geral tinham de 16 a 18 anos ou mais de 19. Estudantes entre 10 e 12 anos já declaravam *uso na vida* (10,4%), *no ano* (5,4%), *no mês* (2,7%), *frequente* (0,3%) e *pesado* (0,4%). A incidência de *uso na vida* entre estudantes de escolas privadas foi maior do que o verificado em escolas públicas. No que se refere ao tipo de droga, os estudantes entre 10 e 12 anos disseram ter feito *uso na vida* de álcool, tabaco, inalantes, ansiolíticos, energéticos com álcool, anfetamínicos. A experiência com maconha e crack é citada por menos de 1% das crianças que participaram da pesquisa.

A presença das drogas aparece como constante ao longo da vida, e o acesso a elas parece cada vez mais fácil, o que sugere a necessidade de orientação e ajuda precoce.

O mapeamento regular da incidência do uso do crack seria importante para orientar o debate público, que parece ser mais forte desde 2009. As ações de enfrentamento do uso do crack muitas vezes não levam em conta o conhecimento sobre os rituais do uso: quem consome, o mercado dessa droga, os efeitos clínicos e sociais do uso dessa substância.

Qual dos dois sexos usa mais drogas?

Homens usam mais cocaína, crack e similares (pasta base, merla, óxi), solventes, maconha e esteroides/anabolizantes, que reforçam a imagem de homem destemido. Mulheres consomem mais intensamente crack e similares. São elas também que usam mais ansiolíticos (tranquilizantes) e anfetaminas (moderadores de apetite), reafirmando, assim, um padrão feminino de mulher calma, controlada e magra, dessa forma buscando alcançar/manter o padrão ideal de corpo.

No I Levantamento Nacional sobre o Uso de Álcool, Tabaco e Outras Drogas entre Universitários (2010), a prevalência anual do uso de anfetaminas entre estudantes chamou a atenção (10,5%). A prevalência anual foi maior entre as estudantes mulheres (14,1%) do que entre estudantes homens (5,5%).

Qual a classe de pessoas que tem mais viciados? Pobres? Remediados? Ricos? Crianças que vivem nas ruas usam drogas para matar a fome?

Em relação ao uso de drogas entre estudantes do ensino fundamental e médio (Cebrid, 2010), as escolas privadas têm maior índice de *uso na vida* (30,7%), *no ano* (13,6%) e *no mês* (6,2%) do que o verificado nas escolas públicas (respectivamente, 24,2%, 9,9% e 5,3%). Por outro lado, o *uso pesado* tem maior incidência nas escolas públicas (1,2%–0,6%).

A associação entre uso de drogas e baixo nível socioeconômico é observada no Brasil entre crianças e adolescentes que vivem nas ruas, sem recurso social, forma de compensar laços familiares precários, ausência de projeto de futuro, além da fome. Entretanto, ainda há carência de estudos que explicitem o grau de influência dos fatores socioeconômicos no padrão de consumo de drogas.

Não há dúvida, no entanto, de que jovens de todas as classes sociais usam drogas. Nas pesquisas mencionadas, os estudantes que trabalham são mais propensos ao *uso pesado* do que aqueles totalmente dedicados ao estudo. Jornada de trabalho dura, tentativa de suportar ritmo pesado, competição, não só no trabalho, mas nas próprias escolas, diante dos colegas, podem explicar esse tipo de uso.

Na medida da maior disponibilidade das escolas públicas em participar dos levantamentos sobre consumo de drogas, podemos supor a maior abertura para discutir o tema com os estudantes, favorecendo a prevenção de usos problemáticos. Escolas privadas tendem a não permitir a entrada de pesquisadores sobre drogas, sob a alegação de que "não têm esse tipo de problema", e costumam expulsar ou não renovar a matrícula de jovens envolvidos com drogas, deixando o uso problemático a ser amparado pelas famílias. De toda forma, *pobres e remediados*, quando em situação de *uso problemático*, até pelas dificuldades de acesso a tratamentos de saúde especializados, correm riscos maiores.

O proibicionismo às drogas demonstrou como a força do controle e da violência do Estado tem se voltado mais para os pobres. São os pobres os que mais morrem em razão da política de "guerra às drogas". São os pobres que estão superlotando as prisões de todo o mundo. As condenações por condutas relacionadas com drogas têm gerado um encarceramento massivo, sem precedentes, desde a década de 1980.

Por que é proibido?

Neste capítulo, você terá acesso a informações jurídicas valiosas. A impressão que muitas vezes temos é a de que a lei paira acima de nós. Termos também complicados nos distanciam de uma compreensão tão necessária para viver melhor. Porque, afinal, não podemos nos conformar em apenas *sofrer* seu peso quando praticamos o que é considerado hoje um delito. A proibição de algumas drogas hoje tornadas ilícitas faz com que, mesmo sem fazer mal a outras pessoas, o fato de usar aquelas drogas nos coloque à margem da lei. Diz-se que a lei atual sobre drogas aboliu a pena de prisão para usuários. Mas será que na prática as coisas acontecem assim? Por que algumas pessoas ainda são presas por simples porte de drogas? Situações como essa mostram que é preciso *entender* a lei para ser capaz de garantir direitos constituídos.

Quais os tipos de drogas proibidas, hoje, no Brasil? Quais as diferenças entre drogas lícitas e ilícitas?

O Brasil, assim como quase todos os demais países do mundo, adota uma política sobre drogas que parte de uma arbitrária divisão entre essas substâncias, proibindo algumas (como a maconha, a cocaína, a heroína etc.) e mantendo outras na legalidade (como o álcool, o tabaco, a cafeína etc.). Todas essas substâncias têm a mesma natureza essencial, pois todas são capazes de provocar alterações no organismo, especialmente no psiquismo, e, dependendo da forma como forem usadas, podem conter riscos e causar danos à saúde. Todas essas substâncias são drogas. A única diferença é que algumas são lícitas, e outras, ilícitas. Não há qualquer critério objetivo para essa arbitrária diferenciação.

As drogas que hoje são ilícitas nem sempre foram proibidas. A proibição só começou, em nível global, a partir do século XX. No Brasil, a criminalização de condutas relacionadas com a produção, o comércio e o consumo das drogas tornadas ilícitas aparece pela primeira vez na Consolidação das Leis Penais de 1932. Por outro lado, substâncias hoje lícitas já foram ilícitas. Por exemplo: a cerveja, o vinho, o uísque, enfim, as bebidas alcoólicas proibidas nos Estados Unidos no período de 1920 a 1932, quando em vigor, naquele país, a chamada Lei Seca.

Como é a legislação brasileira sobre drogas? Quais são suas consequências?

A lei brasileira sobre drogas ilícitas, que torna crimes as condutas de produtores, comerciantes e consumidores dessas substâncias proibidas, é a Lei nº 11.343/2006. Essa lei, assim como as que estiveram em vigor antes dela e como as leis sobre drogas dos mais diversos países, segue as diretrizes dadas pelas três convenções internacionais sobre drogas — as convenções da ONU de 1961, 1971 e 1988 — de que o Brasil, como quase todos os demais países do mundo, é signatário.

A primeira consequência é que a produção, a venda e o consumo dessas drogas tornadas ilícitas passam a se fazer na ilegalidade, o que acaba por criar maiores riscos para a saúde. O mercado é entregue a pessoas que, agindo na clandestinidade, não estão sujeitas a qualquer controle ou regulamentação. São essas pessoas, que agem sem qualquer controle, que vão determinar quais drogas serão fornecidas, qual seu potencial tóxico, com que substâncias serão misturadas, qual será seu preço, a quem serão vendidas e onde serão vendidas. A clandestinidade imposta pela proibição implica a falta de controle de qualidade das substâncias tornadas ilícitas e, consequentemente, o aumento das possibilidades de adulteração, de impureza e de desconhecimento do potencial tóxico daquilo que se consome. Overdoses decorrem de alguma fragilidade do organismo associada à quantidade e à qualidade da droga (outras substâncias misturadas). Além disso, a clandestinidade cria a necessidade de aproveitamento imediato de circunstâncias que permitam um consumo que não seja descoberto, o que acaba por se tornar um caldo de cultura para o consumo descuidado e não higiênico, com os maiores riscos à saúde daí decorrentes. A proibição ainda dificulta a busca de assistência e do tratamento eventualmente necessário, por implicar a revelação da prática de uma conduta tida como ilícita, às vezes com trágicas consequências, como os episódios de overdose. O medo de revelar o consumo da droga muitas vezes impede a busca de socorro.

A proibição pretende atingir uma inviável abstinência do consumo de drogas como suposta solução para evitar riscos e danos eventualmente decorrentes de seu consumo. A pregação da total abstinência de drogas como forma ideal de evitar riscos e danos à saúde é tão inútil quanto a proposta de abstinência sexual como forma ideal de evitar doenças sexualmente transmissíveis ou uma gravidez indesejada. A pretensão de evitar todos os riscos da vida é inviável. Insistindo em prevenir (ou impedir) o uso das substâncias proibidas criminalizando a conduta de quem, pouco importando a proibição, as usa ou irá usá-las, a política antidrogas sugere a ocultação, dificultando o diálogo e a busca de esclarecimentos e informações, sobretudo entre adolescentes e seus familiares ou educadores. O medo mútuo de admitir o real uso de drogas ilícitas acaba por estabelecer um perigoso silêncio sobre cuidados no consumo que possam reduzir seus riscos e danos. Ao mesmo tempo, discursos aterrorizadores, do tipo "drogas viciam na primeira experimentação", cuja falta de credibilidade é facilmente percebida por qualquer adolescente que já tenha experimentado ou que já tenha conversado com alguém que conheça alguma das substâncias proibidas, acabam por tirar a credibilidade também de recomendações ou advertências feitas sobre alguns riscos e danos à saúde que realmente podem resultar de consumo excessivo, descuidado ou descontrolado não só das drogas tornadas ilícitas, como de todas as substâncias psicoativas ou mesmo dos mais diversos produtos alimentícios.

Outra consequência muito grave é a violência. Não são as drogas que causam violência. A produção e o comércio de drogas não são atividades violentas em si mesmas. A produção e o comércio de álcool ou de tabaco se desenvolvem sem violência — disputas de mercado, cobranças de dívidas, tudo se faz sem violência. Por que é diferente na

73

produção e no comércio de maconha ou cocaína? A óbvia diferença está na proibição. As atividades econômicas consistentes na produção e no comércio de maconha, de cocaína e das demais drogas tornadas ilícitas só são acompanhadas de armas e de violência porque se desenvolvem em um mercado ilegal. É a ilegalidade que cria e coloca no mercado empresas criminalizadas que se valem de armas não apenas para enfrentar a polícia. As armas se fazem necessárias também por causa da falta de regulamentação e da consequente impossibilidade de acesso aos meios legais de resolução de conflitos.

A violência, contudo, não é causada apenas pelos enfrentamentos com a polícia, pela impossibilidade de resolução legal dos conflitos e pelo estímulo ao mercado das armas. A diferenciação, o estigma, a demonização, a hostilidade, a exclusão, derivados da própria ideia de crime, sempre geram violência, seja da parte de policiais, seja da parte daqueles a quem é atribuído o papel de "criminoso", ainda mais quando o poder punitivo se agiganta e se inspira na guerra, e os autores de crimes não apenas recebem a marca do "criminoso", mas são apontados como o "inimigo". Na particular "guerra às drogas" carioca, por exemplo, um em cada cinco homicídios é praticado por policiais em operações contra o "tráfico" nas favelas. Certamente, quem atua em uma guerra, quem deve "combater" o "inimigo", deve eliminá-lo. Como se espantar quando os policiais brasileiros torturam e matam? Por outro lado, os ditos "inimigos", identificados, no Brasil, como os vendedores de drogas das favelas, desempenham esse único papel que lhes foi reservado. Em sua maioria, são meninos que empunham metralhadoras ou fuzis como se fossem o brinquedo que não têm ou não tiveram em sua infância. Sem oportunidades ou perspectivas de uma vida melhor, matam e morrem envolvidos pela violência causada pela ilegalidade imposta ao mercado no qual trabalham. Reconhecidos apenas como "os traficantes", "os maus", "os inimigos", por uma sociedade que não os vê como pessoas, como se espantar com sua violência ou sua crueldade? Se seus direitos lhes são negados, como pretender que aprendam a respeitar os direitos alheios?

Consequência da proibição é ainda o grande aumento do número de presos. Os sobreviventes da "guerra às drogas" estão superlotando as prisões. O Brasil tem hoje a quarta maior população carcerária do mundo. Conforme dados do Ministério da Justiça, são mais de 500 mil presos — 548.033 ao final de 2012, correspondendo a 287 presos por 100 mil habitantes. Em 2004, essa proporção era de 183 por 100 mil habitantes; em 1995, 92 por 100 mil. Acusados e condenados por "tráfico", que, em dezembro de 2005 (quando começaram a ser fornecidos dados relacionando o número de presos com as espécies de crimes), eram 9,1% do total dos presos brasileiros, em dezembro de 2012 eram 26,9% desse total. Em um período de 16 anos (1995-2011), o número total de presos brasileiros aumentou quase 3,5 vezes. Em um período de apenas seis anos (2005-2011), o número de presos por "tráfico" praticamente quadruplicou.

Quanto tempo uma pessoa fica presa por porte e tráfico de drogas? Quantos anos um traficante de tóxicos fica preso? Quais são as consequências legais do uso de drogas?

As penas previstas na Lei nº 11.343/2006 para as condutas identificadas com o tipo básico do "tráfico" variam entre o mínimo de cinco anos e o máximo de 15 anos de reclusão (art. 33).

A lei brasileira criminaliza a posse de drogas ilícitas para uso pessoal. As penas previstas na Lei nº 11.343/2006 (art. 28) são advertência, prestação de serviços à comunidade, comparecimento a programa ou curso educativo e, em caso de descumprimento, admoestação e multa.

Por que o governo não toma medidas mais drásticas no combate às drogas?

Mortes e prisões de milhares de pessoas não seriam medidas suficientemente drásticas?

No entanto, as drogas ilícitas não foram eliminadas. Ao contrário. Passados quase cem anos da proibição, com seus 40 anos de "guerra às drogas" (a "guerra às drogas" foi declarada pelo ex-presidente norte-americano Richard Nixon, em 1971, logo se tornando uma política adotada em quase todos os países do mundo, inclusive o Brasil), o resultado é que as drogas ilícitas se tornaram mais baratas, mais potentes, mais diversificadas e mais acessíveis.

Guerra, mortes, prisões em nada afetam o fornecimento das drogas tornadas ilícitas. Patrões e empregados das empresas produtoras e distribuidoras, mortos ou presos, logo são substituídos por outros igualmente interessados em obter lucros ou necessitados de trabalho. A repressão apenas cria incentivos econômicos e financeiros para que outros indivíduos entrem no mercado e preencham o vazio deixado pelos que são mortos ou encarcerados. Por mais drástica que seja a repressão, as oportunidades de trabalho e de obtenção de lucro permanecerão. Onde houver procura, sempre haverá oferta.

A proibição do desejo — ainda mais de um desejo que, como nesse caso das drogas, existe, como já mencionado, desde as origens da história da humanidade — simplesmente não funciona.

Único exemplo bem-sucedido de redução no consumo de drogas, nos últimos tempos, se refere a uma droga lícita — o tabaco. Com efeito, pesquisas demonstram redução no número de fumantes de cigarros em mais da metade nos últimos 10 anos. E não foi feita nenhuma guerra contra fumantes ou fabricantes e vendedores de cigarros. Não foi destruída nenhuma vida. Nenhum ser humano foi preso. Houve apenas regulamentação e forte e inteligente programa educativo, que levou a maioria das pessoas a considerar o cigarro algo ruim, malcheiroso, desagradável, reduzindo o desejo por essa droga.

Quais leis existem para nos proteger das drogas (contra a legalização de drogas como a maconha)?

Nenhuma lei poderá proteger ninguém das drogas. Pessoas usaram, usam e continuarão usando drogas, independentemente do fato de existirem ou não existirem leis que as proíbam. A realidade e a história assim o demonstram.

O que é preciso fazer é criar condições para que as pessoas que desejarem usar essas substâncias tenham maiores possibilidades de fazê-lo de forma menos arriscada e mais saudável, o que só acontecerá com a legalização — e consequente regulamentação — da produção, do comércio e do consumo de todas as drogas. Com o fim da proibição, as pessoas — e especialmente os adolescentes — certamente estarão mais protegidas.

Por que o usuário de maconha quer sempre mais? Já que é assim, por que não liberar?

Nem todos os usuários de maconha, como nem todos os usuários de qualquer outra droga, lícita ou ilícita, querem sempre mais. Muitos usuários de maconha ou de quaisquer outras drogas, lícitas ou ilícitas, usam tais substâncias moderadamente, ou apenas durante certo período, mudando de hábitos com o passar do tempo.

Pensemos, por exemplo, mais uma vez, no tabaco. A nicotina é uma das substâncias mais viciantes entre as que existem na atualidade. No entanto, há muitas pessoas que fumam apenas dois ou três cigarros por dia durante anos; pessoas que fumam apenas eventualmente; e milhares de pessoas que fumaram durante certo tempo e abandonaram tal hábito, como demonstra a redução do consumo antes mencionada.

A relação das pessoas com as drogas — quaisquer que sejam elas — pode resultar em uso moderado, frequente, excessivo ou descontrolado (equivalente ao abuso), dependendo de muitos fatores e podendo inclusive variar em diferentes fases da vida de uma mesma pessoa.

Ainda que o usuário de maconha ou de qualquer outra droga estivesse sempre querendo mais, não seria essa a razão para liberar.

As razões que demonstram a necessidade de legalizar — e, consequentemente, de regulamentar — a produção, o comércio e o consumo de todas as drogas são outras, como já exposto. Legalizar a produção, o comércio e o consumo de todas as drogas é necessário para afastar medidas repressivas violadoras de direitos fundamentais. Legalizar a produção, o comércio e o consumo de todas as drogas é necessário para pôr fim à enorme parcela de violência provocada pela proibição. Legalizar a produção, o comércio e o consumo de todas as drogas é necessário para afastar uma enorme fonte de corrupção. Legalizar a produção, o comércio e o consumo de todas as drogas é a única forma de afastar do mercado os descontrolados agentes que agem na clandestinidade, devolvendo-se ao Estado o poder de regular, limitar e controlar a produção, o comércio e o consumo dessas substâncias, como já o faz em relação a outras substâncias da mesma natureza, igualmente desejadas por muitas pessoas — as drogas já lícitas, como o álcool e o tabaco. Legalizar a produção, o comércio e o consumo de todas as drogas é, assim, necessário para regular e controlar o mercado e proteger a saúde.

Que tipo de problemas os viciados podem ter com a polícia? Que tipo de desgraça fazem?

Os usuários de drogas ilícitas (viciados ou não) podem ter muitos problemas com a polícia e/ou com a Justiça criminal. Mesmo que não estejam sujeitos à prisão — as penas previstas para a posse de drogas ilícitas, como já mencionado, não são privativas da liberdade —, podem acabar sendo conduzidos a uma delegacia em viaturas policiais; podem sofrer a humilhação de ser surpreendidos realizando conduta tida como ilícita e de figurarem como réus em um processo criminal; podem ficar marcados como "viciados" e autores de crime.

Podem até acabar na prisão como "traficantes". Com frequência, a simples posse de drogas ilícitas para uso pessoal acaba sendo confundida com "tráfico". Muitas vezes, policiais, promotores e juízes fazem a diferenciação com base na pessoa que é surpreendida com a droga ilícita. Um menino branco, rico ou de classe média alta, surpreendido em uma rua do asfalto da Zona Sul do Rio de Janeiro, com algumas trouxinhas de maconha e 100 reais no bolso, será logo visto como usuário. Já um menino negro, pobre, surpreendido em uma rua de uma favela, com a mesma quantidade de maconha e algum dinheiro no bolso, em geral será visto como "traficante". O sistema penal é desigual, é discriminatório.

Podem mesmo acabar sendo internados à força para um suposto tratamento, em instituições em tudo semelhantes a prisões, como tem acontecido com crianças e adolescentes pobres, ilegalmente "recolhidos" nas ruas, apontados como usuários de crack. O descaso de governantes deixa-os sem família, sem escola, sem lazer, sem respeito, perambulando pelas ruas sem destino por falta de quem os trate com respeito e dignidade. Os executores da política proibicionista, ilegitimamente os tratando como criminosos, submetem-nos à humilhação, à perseguição e ao recolhimento a instituições em tudo semelhantes a prisões, acrescentando a suas miseráveis e traumáticas condições de vida a violência da privação de sua liberdade.

Como se sente alguém que já traficou drogas? Como as pessoas se sentem quando se comunicam com traficantes de drogas?

Difícil responder a essas perguntas de forma genérica. Cada pessoa, "traficante" de drogas ou não, usuário de drogas ou que, vizinho, conhecido, parente, por qualquer outra razão, se comunique com alguém que venda drogas, é diferente da outra e terá diferentes sentimentos em relação à atividade desenvolvida por si mesmo ou pelo outro com quem se comunica.

Todas as pessoas são iguais em sua origem comum, em sua dignidade. Nesse sentido, cada indivíduo é igual a todos os outros. Ao mesmo tempo, cada indivíduo tem características pessoais que o fazem ser único e diferente de todos os demais. A afirmação da dignidade, reconhecida a cada indivíduo, por sua própria condição de pessoa, leva tanto à afirmação da igualdade quanto à garantia da diversidade. É a afirmação de que todos os indivíduos são iguais que garante a diversidade, pois é o reconhecimento da igualdade que garante o respeito ao indivíduo em qualquer circunstância, seja ele quem for, sejam quais forem suas características físicas ou espirituais, sejam quais forem seus pensamentos ou seus atos.

"Traficantes" de drogas e pessoas que se comunicam com eles são, portanto, iguais a quaisquer outras pessoas. Também são, ao mesmo tempo, pessoas únicas e diferentes entre si, com seus sentimentos, ideias, impressões, opiniões e reações próprias.

Por que tem policial corrupto na corporação? São eles que contribuem para o uso de drogas?

O mercado das drogas tornadas ilícitas é hoje a maior fonte de ganhos ilícitos — e, consequentemente, o maior incentivo à corrupção de funcionários do Estado. São bilhões de dólares que circulam nesse mercado. Assim como a violência, a corrupção também é um acompanhante necessário das atividades econômicas que se realizam no mercado posto na ilegalidade.

Vulneráveis à corrupção e colocados no *front* da repressão, os policiais são os agentes estatais mais expostos às práticas ilegais e violentas. A missão original da polícia de promover a paz e a harmonia se perde, e sua imagem se deteriora. Naturalmente, os policiais não são nem os únicos corrompidos nem os principais responsáveis pela violência produzida pelo sistema penal na "guerra às drogas", mas são eles os mais alcançados por um estigma semelhante ao que recai sobre os selecionados para cumprir o aparentemente oposto papel do "criminoso". Juízes, promotores, deputados, senadores e governantes integram as camadas privilegiadas da população, veem-se e são vistos como superiores, respeitáveis e, por isso, com raríssimas exceções, são praticamente intocáveis.

Não são policiais corrompidos que contribuem para o uso de drogas. O uso de drogas existe desde as origens da história da humanidade. Basta lembrar que o primeiro milagre de Jesus foi a transformação da água em vinho nas bodas de Canaã. A proibição, com os altos lucros clandestinos por ela gerados, é que contribui para que policiais e muitos outros agentes do Estado se tornem corruptos.

Como os traficantes conseguem drogas? E com quem?

Essa pergunta tampouco poderá ser respondida com precisão. "Traficantes" certamente conseguem drogas das mais diversas maneiras, dependendo de inúmeros fatores, como época, lugar, espécies de drogas, forma de desenvolvimento da atividade de comercialização da droga etc.

"Traficantes" não são apenas os meninos armados das favelas do Rio de Janeiro. Enquanto houver proibição, quem quer que venda uma droga ilícita é um "traficante". Estudos nos Estados Unidos demonstram que a tendência é que brancos vendam drogas para brancos, negros para negros, estudantes universitários para seus colegas de faculdade, moradores no campo comprem em sua própria região, estudantes brancos de escolas médias comprem de seus colegas igualmente brancos, de seus amigos ou parentes mais velhos. Como aponta a professora Michelle Alexander (2010), a ideia de que a venda de drogas ilícitas aconteça somente nos guetos é pura ficção. O tráfico de drogas acontece ali, mas também acontece em qualquer outro lugar dos EUA. O mesmo se pode dizer em relação ao Brasil ou a qualquer outro país.

O cidadão tem o direito de fazer o que quiser, então por que não legalizar?

O cidadão tem, sim, o direito de fazer tudo o que quiser, até o ponto em que não prejudique diretamente outro indivíduo. Os princípios da legalidade e das liberdades iguais, base de qualquer ordem jurídica democrática, asseguram que a liberdade do indivíduo é e deve ser sempre absoluta enquanto suas ações não atingirem ou não ameaçarem concretamente direitos de terceiros. Desde a Revolução Francesa e a proclamação dos direitos do cidadão de 1789 que esses princípios são reconhecidos. Faz parte da liberdade, da intimidade e da vida privada a opção por fazer coisas que pareçam para os outros — ou que até efetivamente sejam — erradas, "feias", imorais ou nocivas para si mesmo. O reconhecimento da dignidade da pessoa impede sua transformação forçada. Enquanto não afetar concretamente direitos de terceiros, o indivíduo pode ser e fazer tudo o que quiser, não podendo o Estado obrigá-lo a mudar de comportamento.

A criminalização da posse de drogas para uso pessoal e da venda de drogas para adultos que as desejam comprar são condutas que estão dentro desse campo da liberdade individual, pois só prejudicam diretamente o próprio indivíduo que deseja usar a substância. A criminalização dessas condutas é claramente inconstitucional por violar os mencionados princípios da legalidade e das liberdades iguais.

Leis inconstitucionais, como as que criminalizam a posse de drogas para uso pessoal e sua venda para adultos, desrespeitam princípios inscritos nas declarações universais de direitos e nas constituições democráticas, ofendendo e ameaçando a própria democracia.

Afastar essas leis é mais uma das razões que mostram a necessidade de pôr fim à proibição, legalizando-se — e, consequentemente, regulamentando-se — a produção, o comércio e o consumo de todas as drogas.

Quais serão os problemas que teremos se houver a legalização das drogas? O que pode ser feito para que o Brasil e os demais países acabem com esse negócio da legalização das drogas? Se não se pode fazer nada, imaginem como vai ficar o mundo cheio de drogados...

A necessária legalização da produção, do comércio e do consumo de todas as drogas não conduzirá ao caos, a uma temida "permissividade" ou a uma disseminação incontrolável da produção, da distribuição e do consumo de drogas, como enganosamente anunciam os adeptos da proibição. Pesquisa realizada pelo Zogby nos Estados Unidos, em dezembro de 2007, registrou 99% de respostas negativas à pergunta sobre se, uma vez legalizadas drogas como cocaína ou heroína, os entrevistados passariam a consumi-las. Também é interessante lembrar que, na Holanda, onde o consumo de maconha e haxixe é acessível nos tolerados *coffee-shops*, o European Monitoring Center for Drugs and Drug Addiction registrou, em 2005, um percentual de 12% de consumidores entre os jovens de 15 a 24 anos. Nos Estados Unidos, conforme a pesquisa National Survey on Drug Use and Health, referente a 2004-2005, esse percentual era de 27,9% de consumidores entre os jovens de 18 a 25 anos.

A necessária legalização não conduzirá ao caos. Ao contrário, é a única forma de devolver ao Estado o poder de regulamentar e controlar o mercado, como hoje já o faz em relação às drogas legais, como o álcool e o tabaco. A regulamentação, o controle e a fiscalização das substâncias a serem legalizadas, inclusive no que diz respeito à sua qualidade, podem e devem ser feitos de forma semelhante à que regulamenta, controla e fiscaliza a produção e o comércio de medicamentos e suas substâncias ativas, bebidas (alcoólicas ou não), cigarros e outros produtos derivados do tabaco, alimentos e quaisquer outros bens e produtos que eventualmente envolvam risco à saúde.

A necessária legalização não acabará com toda a violência e a corrupção, nem com todas as outras condutas negativas ou indesejáveis, criminalizadas ou não. A legalização não é, nem pretende ser, uma panaceia para todos os males. A necessária legalização apenas porá fim aos riscos e aos danos criados pela proibição, acabando com grande parcela de violência e corrupção — a violência e a corrupção provocadas pela ilegalidade imposta ao mercado das selecionadas drogas tornadas ilícitas. Eliminar essa fonte de violência e corrupção, acabando com a "guerra às drogas" — nociva e sanguinária, como quaisquer outras guerras —, será, certamente, uma grande conquista.

Pondo fim a uma parcela significativa de violência e corrupção, a necessária legalização também afastará a que, hoje, se constitui na mais importante fonte de renda vinda de atividades ilícitas. Os lucros e outros rendimentos gerados nas atividades de produção e comércio das drogas legalizadas se integrarão às finanças legais, como são integrados os lucros e outros rendimentos obtidos com a produção e o comércio das drogas já lícitas (como o álcool e o tabaco). Impostos serão pagos e recebidos pelo Estado, da mesma forma que são pagos e recebidos os impostos devidos pelos produtores e comerciantes das drogas já lícitas (como o álcool e o tabaco). E o Estado ainda economizará o dinheiro desperdiçado com a repressão e suas consequências. Os recursos econômico-financeiros assim redirecionados poderão ser investidos em programas e ações efetivamente úteis para a sociedade.

Quando a questão se agrava, o que pode acontecer?

Diante do uso de drogas por algum parente, as pessoas tendem a se desesperar (especialmente os familiares de quem usa) e acham que têm de buscar uma "solução". Quase sempre preferem uma "internação", ou o uso de medicamentos, achando que *tudo ficará bem*. Contudo, é preciso entender que drogas são substâncias relacionais; apenas têm sentido quando colocadas em algum contexto social, seja uma festa, como o Natal ou o Carnaval, uma reunião de trabalho ou familiar, em determinados cultos religiosos, no bar nos domicílios, nas favelas, nas ruas. Usar drogas — lícitas ou ilícitas — nem sempre significa estar dependente ou doente. Nem todos que usam drogas *precisam* se tratar, e nem todo mundo *quer* se tratar. E, entre os que estão em situação de dependência e querem se tratar, a internação ou o uso de remédios nem sempre são necessários. Além do mais, o tratamento da dependência não basta, pois o grau de vulnerabilidade individual e social é tamanho que serão necessárias ações articuladas que extrapolem o campo da saúde. Abster-se de entender esses aspectos por temor ou preconceito é o que torna maior o risco de ter relações problemáticas com as drogas. Neste capítulo falaremos das relações inadequadas por meio das quais as pessoas podem produzir danos a si e a terceiros por usarem drogas.

Por que as pessoas se viciam? Quais drogas causam dependência e qual o grau de dependência de cada uma?

Já dissemos aqui que as drogas dão prazer, diminuem a dor física ou psicológica. Se a experiência foi prazerosa, existe a possibilidade de querer repeti-la. Dessa maneira, o uso pode se tornar ocasional, habitual ou compulsivo. Se o uso se torna compulsivo, a pessoa sente necessidade física e/ou psicológica da droga. Por outro lado, a compulsão por drogas pode ser um sintoma de algum desconforto anterior, e o sentido da relação com a droga pode ser apenas secundário à busca da manutenção de certo equilíbrio físico-mental perdido antes de seu uso. Ou seja, além do prazer do uso por si, o comportamento compulsivo de uso de qualquer substância psicoativa muitas vezes é gerado como uma estratégia criada pelo indivíduo para sinalizar ou conviver com desconfortos mais profundos e difíceis de ser acessados. Por isso é difícil determinar uma causa específica para o uso compulsivo de drogas.

A dependência física e psicológica pode ocorrer com o uso regular de qualquer substância, como consequência da adaptação normal do organismo. A chamada *síndrome de abstinência* é a única evidência real de *dependência física*. Surge quando o indivíduo cessa ou diminui abruptamente o uso de uma droga à qual está acostumado e o organismo *reclama* sua presença por meio de sintomas como dores musculares, tremores, convulsões. Sua especificidade depende do tipo de substância utilizada e demora de horas a dias para surgir depois do último episódio de uso. A *dependência psicológica* se traduz por uma sensação de mal-estar, angústia e mesmo depressão, levando a um impulso incontrolável de continuar a usar a droga, seja por prazer ou para reduzir a tensão e evitar o mal-estar e o desconforto sentidos quando se interrompe o uso. A dependência física nem sempre se soma, necessariamente, à dependência psicológica.

Nem todas as drogas produzem dependência física e psicológica ao mesmo tempo. Em relação à maconha e à cocaína, a preocupação centrada na procura da droga e a dificuldade em interromper o consumo agudo são sintomas de dependência psicológica. O consumo regular de crack pode resultar também em dependência psicológica e neurotoxicidade forte — mesmo com a interrupção do consumo, alterações de humor são frequentes. Em alguns casos, o ecstasy pode provocar dependência psicológica. A dependência física e psicológica do tabaco é confirmada pelos fumantes. Quando interrompem o uso, ficam tensos, angustiados, trêmulos, suam frio, e é difícil reprimir a vontade de acender um cigarro.

A passagem para um uso problemático de uma droga (o álcool é um bom exemplo) tem, em geral, três fases. Num primeiro momento, as atividades profissionais, sociais e familiares são mantidas, e a saúde física e mental não se altera significativamente. Depois, dificuldades relacionais, em qualquer dessas esferas, se instalam, produzindo conflitos que se tornam crônicos, quando não culminam em rompimentos. Esses problemas, associados à degradação da saúde física e mental, levam o usuário a reduzir ou parar momentaneamente o consumo. Finalmente, a pessoa não consegue mais reduzir ou interromper o uso, apesar dos danos evidentes que vivencia.

O que vicia mais rápido, a maconha ou o cigarro?

Não é possível analisar o que *vicia* apenas se atendo ao produto em si. É preciso levar em conta a história de vida do sujeito e o contexto em que cada uma dessas drogas circula.

O tempo para se tornar dependente do tabaco varia. As pessoas relatam que aos poucos *aprendem a gostar, depois é difícil parar.* Hoje, essa droga perdeu parte do glamour que já teve no passado. A quantidade de substâncias altamente tóxicas agregadas em sua fabricação — além da nicotina, o cádmio, o chumbo, o níquel, o arsênico, a amônia, o formol, entre outras — fez com que o tabaco já fosse chamado de *assassino com patente.* Cada uma dessas substâncias presentes no cigarro pode aumentar seu potencial em *viciar.* A preocupação com os danos à saúde decorrentes do uso do tabaco levou não apenas à proibição de seu consumo em espaços públicos fechados, o que foi um avanço, mas principalmente ao aparecimento paulatino de uma cultura do uso responsável.

A maconha (*Cannabis*) circula no mercado ilícito, fora de qualquer controle de qualidade. A mistura da *Cannabis* com outras substâncias (a amônia, entre outras) para aumentar o rendimento do produto e o lucro de quem a comercializa dificulta a avaliação do que se consome de fato, aumentando o potencial das substâncias agregadas em *viciar.*

Algum viciado em drogas já parou de usar? Só com tratamento? Com mais de cinco anos de uso de drogas, é possível uma pessoa ficar totalmente curada?

Alguns conseguem se controlar sozinhos, mas a maioria precisará de tratamento. Quanto à relação entre tempo de uso e cura, não existe. O tempo de uso nos informa sobre as possibilidades de agravos, sobre a gravidade do uso, mas não é um dado que por si só seja capaz de determinar um prognóstico sobre o bom ou o mau resultado do tratamento. O tratamento da dependência não tem como objetivo a *cura*, mas a promoção da saúde como qualidade de vida. O tratamento que teve *sucesso* poderá resultar, em alguns casos, em abstinência e, em outros, numa relação de uso equilibrado sem agravos, podendo ainda ocorrer a substituição de uma droga por outra, com menor impacto. De toda forma, a pessoa sempre terá de se manter atenta para evitar os prejuízos de retorno do uso patológico. O que se almeja no tratamento da dependência não é a cura tal qual se espera nos casos de doenças como pneumonia ou tuberculose, por exemplo, mas a melhoria da qualidade de vida.

Outro dia acordei com vontade de beber, mas foi só naquele dia. Tenho alcoólatra na família. Posso ser alcoólatra também em decorrência disso?

Acordar um dia tendo vontade de beber não significa risco de se tornar dependente. O fato de haver casos de dependência na família, embora seja considerado um fator de risco, não significa necessariamente que se tenha herdado essa predisposição. A causa da dependência depende de muitos fatores que se relacionam e interagem entre si. *Um desencadeia o outro, o outro desencadeia o um.* Tentar definir um dos fatores de forma isolada como o mais importante, ou mesmo determinante, não vai ajudar no entendimento da questão. Mesmo no campo da ciência há polêmica, e, diante dela e da incerteza do que pode acontecer, o melhor é agir de forma conservadora em relação ao uso de álcool e de outras drogas. Isso significa, antes de tudo, procurar conhecer a droga que se vai usar, exatamente pelo mesmo propósito de quando se pesquisa a bula de um remédio. Há maneiras perigosas, por exemplo, de beber álcool, assim como há maneiras consideradas mais ou menos seguras de utilizá-lo.

Quais os antidepressivos, calmantes ou relaxantes mais perigosos? Remédios como soníferos e antidepressivos viciam?

Os antidepressivos, conforme o próprio nome indica, são prescritos nos casos de depressão — tristeza sem motivação, diminuição do interesse e do prazer de viver, sono perturbado, agitação ou apatia, cansaço, perda da energia, sentimento de desvalorização e culpa excessiva. Seu uso pode provocar perda da vigilância, sonolência, excitação. São prescritos por médicos e não devem ser usados para sanar dificuldades passageiras. Não provocam dependência física, mas a interrupção do uso deve ser progressiva, para evitar sintomas desagradáveis, como náuseas e vertigens.

Ansiolíticos ou hipnóticos são chamados de *benzodiazepínicos*. Diminuem a angústia, a ansiedade, têm efeitos sedativos e facilitam o sono e o relaxamento muscular. O efeito sedativo aumenta quando associados ao álcool. Perda de memória de fatos recentes, baixa da vigilância, diminuição dos reflexos ao conduzir veículos ou usar máquinas são alguns danos possíveis. Esses remédios podem levar à dependência física e psicológica, favorecida pela duração do tratamento, pelos antecedentes de outras dependências e pela associação ao álcool. Quando o uso é interrompido, a pessoa pode ter insônia, dores musculares, ansiedade, irritabilidade e agitação. Durante o primeiro trimestre de gravidez, o uso de *benzodiazepínicos* pode produzir malformação fetal, mesmo quando retirados antes da concepção, em razão de sua capacidade de permanecer ativos no sangue por um tempo relativamente longo.

Esses remédios não devem ser usados sem prescrição e orientação médica. A leitura da bula tem informações específicas sobre como utilizá-los de forma segura. A prescrição deve ser sempre individual, não deve ser reutilizada nem repassada a outras pessoas, ou seja, o fato de uma pessoa obter bons resultados com o uso de um medicamento não significa que esse efeito benéfico se repetirá em familiares, amigos, vizinhos. Pode acontecer exatamente o contrário, pois cada caso é um caso, e o uso de medicação deve obedecer à situação específica de cada problema. O uso adequado de qualquer medicamento inclui a avaliação sobre se seus riscos e possíveis danos são compensados ou não por seus benefícios.

Várias mídias afirmam que não há como se livrar do vício do crack, pois essa droga é muito forte e causa dependência em muito pouco tempo. É verdade?

A dependência do crack não é nem mais nem menos difícil de tratar do que seria qualquer dependência. Grande parte das crenças divulgadas sobre essa droga deriva da força das cenas dramáticas veiculadas pela mídia, nas quais são flagrados alguns de seus usuários mais vulneráveis. Como acontece com qualquer dependência de drogas, é preciso entender qual é o contexto de uso dessa droga para poder formular prognósticos sobre o tratamento. Os casos podem ser mais ou menos difíceis, e isso não depende de usar de forma prejudicial o crack ou outra droga qualquer.

O crack é a própria cocaína transformada em um composto disponível para o consumo por meio do fumo. É um preparado sólido e volatilizável, insolúvel em água, fato que impede sua absorção por outra via senão a fumada. O vapor derivado da queima do crack produz intenso efeito euforizante entre 10 a 15 segundos após sua inalação, muito mais rapidamente que o cloridrato de cocaína em pó (*cheirado*, demora de 10 a 15 minutos). Provoca sensações mais rápidas e mais intensas (5 a 15 minutos) do que aquelas produzidas pela cocaína (30 e 40 minutos), o que leva a pessoa a fumar a droga diversas vezes, aumentando, assim, a capacidade de produzir dependência. Justamente por causa desses efeitos intensos, algumas pessoas desistem logo após a primeira experiência. A ideia de que o crack vicia na primeira experiência é um mito veiculado de forma espetacular pela mídia, embora haja, como fundo de verdade, o fato de ser uma droga com forte capacidade de produzir dependência com o uso repetido.

A dependência não se limita à intoxicação psicofarmacológica (alucinações, delírios, agitação, agressividade), mas inclui alterações orgânicas gerais, como as pulmonares (edema pulmonar, hemorragia alveolar, reações de hipersensibilidade), ou as decorrentes da anorexia, como desnutrição e baixa da imunidade, o que facilita o aparecimento de infecções como tuberculose e pneumonia. O uso do crack associado a uma grave situação de vulnerabilidade social multiplica a possibilidade dos riscos de doenças, sobretudo as infectocontagiosas (tuberculose, pneumonia, hepatite, Aids), assim como também outros comportamentos de risco, como tráfico, roubos, prostituição (e sexo sem proteção), situações que favorecem casos de violência física e a disseminação de hepatites e Aids.

É comum ouvir dizer que o *crack mata*, mas já há estudos que identificam seu uso prolongado entre cinco e oito anos (Bastos e Bertoni, 2013). Como o acesso da população mais carente aos serviços de saúde gratuitos é difícil, doenças que em outras circunstâncias seriam controláveis ou curáveis muitas vezes acabam em morte. Quando a situação de vulnerabilidade convive com grande violência urbana, também há maior risco de que possa ocorrer morte violenta (em acidentes ou mesmo assassinatos). Em suma, quem tem melhores condições socioeconômicas e mantém vínculos familiares terá mais condições de evitar a maior parte desses agravos, também conseguindo ter êxito mais cedo no tratamento.

Quais as doenças decorrentes do uso de drogas, os problemas mais e menos sérios de saúde que um viciado pode ter? A Aids também vem pelas drogas ou só pelas relações sexuais? Podemos pegar outras doenças pelo uso de drogas sem ser Aids?

A exposição às doenças é maior ou menor conforme a situação de vulnerabilidade em que cada um se encontra. Doenças como tuberculose, hepatites, Aids e sífilis podem ser prevenidas entre as pessoas que usam drogas, mas são comuns e se agravam entre os que estão em situação de dependência, sem vínculos com a família, com os amigos, morando nas ruas, nas chamadas cracolândias, espaços/cenas de uso público. A vulnerabilidade individual se torna mais ampla com a progressiva diminuição da capacidade do indivíduo de se integrar socialmente. A tendência dessas pessoas em se expor diretamente a situações de risco contribui para o adoecimento. O sexo sem proteção e o comércio sexual/prostituição são fatores de risco de HIV/Aids, hepatites e outras doenças sexualmente transmissíveis. O compartilhamento de agulhas e seringas, no caso do uso de droga injetável, também é fator de risco de HIV/Aids e hepatites. Situações de violência, má higiene pessoal, má alimentação (ausência, alimentos de baixa qualidade nutricional, alimentos estragados) são fatores de risco vividos pelas pessoas em situação de dependência.

Quais as sequelas que podem ter as pessoas usuárias das drogas ilícitas?

O termo sequela diz respeito aos efeitos danosos, perturbação ou lesão que persistem após o fim ou o controle de alguma patologia. As sequelas orgânicas do uso de drogas ilícitas dependem de uma série de variáveis, como o tipo de droga, a forma de administração, o grau de vulnerabilidade da pessoa que faz uso, a pureza ou impureza da substância, o uso crônico.

Em relação à cocaína, seu uso pesado pode resultar em diminuição da capacidade de atenção/concentração com consequente *deficit* de memória; falta de ar permanente por desenvolvimento de doença pulmonar obstrutivo-crônica, por trauma pulmonar em razão da adição de outras substâncias a ela misturadas; destruição do septo nasal (se inalada); anorexia, levando à perda de peso até níveis de desnutrição; cefaleia crônica (dores de cabeça); distúrbios dos nervos periféricos (sensação de o corpo ser percorrido por insetos). São comuns, no caso da cocaína fumada (crack, óxi, merla etc.), as lesões por queimaduras em mãos, dedos, nariz, face, olhos (córnea e conjuntiva), lábios, cavidade oral, orofaringe, epiglote e laringe. Essas lesões são causadas pela inalação do vapor da droga em alta temperatura ou mesmo pela inalação de partículas metálicas incandescentes que se desprendem do material utilizado pelos usuários como cachimbo (em geral, são utilizadas latas de alumínio, como as de refrigerantes ou cerveja, facilmente encontradas).

O consumo de crack fumado nesses cachimbos improvisados provoca intoxicação por metal pesado, o que pode levar a dano neurológico irreversível. O uso continuado de crack e de outras formas fumadas de cocaína pode também provocar uma doença caracterizada pela degeneração dos músculos do corpo (rabdomiólise), o que dá a aparência esquelética de alguns usuários.

O efeito estimulante do THC no coração pode agravar o estado de saúde de pessoas com algum problema cardíaco anterior. O cigarro de maconha pode resultar em problemas pulmonares em razão do maior tempo de retenção da fumaça nos pulmões e do fato de ser misturada com o tabaco. Dificuldade de concentração e de memória, alucinações, ansiedade e sentimento de perseguição (no caso de pessoas mais frágeis) são algumas consequências do uso nocivo.

O próprio estatuto ilegal de algumas drogas e que se expressa na forma da criminalização, preconceito e violência é a porta de entrada para todo tipo de sequelas.

Maconha mata os neurônios? Maconha queima mesmo os neurônios?

Não há evidência científica comprovando a hipótese de que o uso de maconha provoque morte de células cerebrais. O uso crônico pode gerar diminuições sutis na atividade cerebral, especialmente na capacidade de prestar atenção nos fatos e na capacidade de memória recente. A redução dessas habilidades persiste enquanto o usuário se mantiver cronicamente intoxicado, podendo ser revertida após a interrupção do uso. Esse efeito é preocupante no caso de uso pelos adolescentes, porque eles ainda estão em fase de desenvolvimento.

Droga afeta o coração?

O uso de substâncias psicoativas de forma abusiva ou patológica, a baixa qualidade de algumas drogas em razão de misturas para aumentar seu rendimento e seu lucro acarretarão maior risco de comprometimento da saúde física e/ou mental como um todo, incluindo o sistema cardiovascular (coração e vasos sanguíneos).

O álcool, por exemplo, tem a propriedade de penetrar em todas as células do organismo humano, produzindo nelas alterações globais. Algumas das consequências dessas alterações acabam por comprometer o funcionamento do sistema cardiovascular, produzindo doenças como hipertensão arterial, arteriosclerose, infarto agudo do miocárdio, miocardiopatia dilatada, entre outras.

A nicotina aumenta o ritmo cardíaco, a pressão arterial, a constrição dos vasos sanguíneos (vasoconstrição), os níveis de gordura no sangue, favorecendo o aparecimento de doença coronariana, aumentando o risco de infarto agudo do miocárdio e morte.

A cocaína tem a propriedade de provocar vasoconstrição, acarretando elevação da pressão arterial e da frequência cardíaca. Quando consumida em quantidade abusiva, pode favorecer o aparecimento de espasmos vasculares nas artérias coronárias, o aumento da exigência de oxigênio no músculo cardíaco (miocárdio), podendo causar infarto agudo e morte. Pode também ocasionar arritmia cardíaca (alteração na frequência dos batimentos cardíacos), o que pode ser fatal.

As anfetaminas também causam aumento da pressão arterial, do ritmo cardíaco, dos níveis de gordura no sangue e tensão muscular. Podem, assim, ativar doenças cardiovasculares, como hipertensão arterial e infarto agudo do miocárdio.

A droga pode causar deficiência física? Há alguma consequência irreversível, neurológica ou psicológica?

O uso de álcool e drogas por mulheres grávidas pode gerar deficiência física e mental nos recém-natos. A gestante que costuma usar álcool corre o risco de abortar, e o feto pode apresentar lesões orgânicas e neurológicas. As crianças podem nascer com um conjunto de sinais e sintomas denominado síndrome alcoólica fetal (SAF), que é reconhecida como a maior causa de deficiência física e mental no Ocidente. Essa síndrome é caracterizada por *déficit* de crescimento, anomalias faciais, além de anormalidades no desenvolvimento do sistema nervoso central.

Sobre o uso do tabaco na gestação, é reconhecido que os filhos de mães tabagistas apresentam menor peso ao nascer. Além disso, o consumo do tabaco durante a gravidez é responsável pelo aumento da mortalidade fetal e neonatal, maior frequência de abortos espontâneos e malformações fetais.

A cocaína provoca contração dos vasos sanguíneos. O uso crônico faz com que os tecidos fiquem pouco irrigados, podendo ocorrer necrose, caso da perfuração do septo nasal. Materiais usados para "cheirar" podem transmitir o vírus das hepatites A, B e C em razão de seu uso compartilhado. Por ser uma droga estimulante, a pessoa que a usa se sente "toda poderosa", havendo risco de, uma vez diminuídas as inibições, praticar atos violentos que sem o uso dessa droga estariam controlados.

Que tipo de influência o pico causa em nosso organismo? Agulhas transmitem doenças? O que o pico faz no corpo? Como podemos nos prevenir logo após o pico, nos casos de arrependimento? Quem consome droga pela veia tem mais dificuldade de deixá-la?

No Brasil, o chamado pico (uso de droga injetável) está comumente associado a quem usa cocaína. Essas pessoas, em geral, usam a droga em grupo, injetando-se de forma repetitiva durante um único dia, reutilizando entre si agulhas e seringas. Com o pico, os efeitos prazerosos da droga são obtidos em poucos segundos, podendo durar até 15 minutos.

O compartilhamento e/ou a reutilização de seringas e agulhas usadas, bem como o uso de água não destilada (água de torneira, de poças, de rios etc.) ou mesmo impura para a diluição do cloridrato de cocaína, favorecem a contaminação pelo vírus HIV (causador da Aids). Várias outras infecções transmissíveis por meio do sangue, como as hepatites B e C e a endocardite bacteriana (grave infecção que acomete o coração), podem ocorrer. Além disso, com o uso repetido e a alteração de consciência provocada pela droga, o usuário tem dificuldade em perceber quando a quantidade de droga utilizada chega próximo do limite tolerável, o que favorece a possibilidade de intoxicação grave (overdose). O uso de droga injetável tem diminuído no Brasil em virtude de vários fatores, como a conscientização dos riscos de infecção pelo HIV e pela hepatite C, e em razão do aparecimento de drogas como o crack, cujo efeito é mais intenso, mais rápido e com custo financeiro inferior para o usuário. No Brasil, o uso de droga injetável em geral é associado à cocaína.

A via de administração pode influenciar a maior possibilidade da dependência. Quanto mais curto o tempo para os efeitos se darem, quanto maior a intensidade e menor o tempo de manutenção desses efeitos, maior a possibilidade de uso compulsivo (de várias repetições para obter de novo os efeitos pretendidos) e do estabelecimento da dependência.

A prevenção de riscos e danos provocados pelo pico supõe especialmente estratégias específicas nas quais a droga seja apenas mais um elemento, e, em geral, não o elemento central. Para serem eficazes, necessitam incorporar a ideia de que o sujeito *faz* sua história. Muito além do conhecimento farmacológico sobre a substância usada (ou seja, o conhecimento sobre o modo como, em situação ideal, uma droga altera um organismo), será preciso considerar o contexto de uso e de vida de quem usa. A prevenção não pode se limitar a evitar que as pessoas usem drogas. A crença de que é possível uma sociedade na qual ninguém use drogas é uma superstição capaz de gerar danos irreparáveis, maiores que o uso prejudicial de qualquer droga.

No caso específico do uso de droga injetável, deve-se avaliar em que contexto ocorreu o uso, se em grupo ou sozinho, se houve compartilhamento de agulha e/ou seringa, se o diluente era água destilada ou suja, se foi associado a práticas de sexo inseguro. Nesses casos, a pessoa deve ser encaminhada para avaliação médica, de modo que, havendo doença, esta será diagnosticada e tratada o mais rápido possível. Agentes de saúde expostos acidentalmente a sangue ou equipamento potencialmente contaminados devem procurar ajuda com urgência. A quimioprofilaxia para o HIV (combinação de alguns medicamentos antirretrovirais) nas primeiras horas após o contato, no máximo até 72 horas, neutraliza o vírus antes que ele se instale nas células.

Sexo é melhor com drogas? Em termos de relações sexuais, o homem e a mulher ficam incapacitados se usam drogas? O uso de drogas influencia o desempenho sexual de um jovem? Quantas ereções um adolescente drogado pode ter? A droga estimula ou inibe o sexo? O sexo anal tem contraindicação para quem usa drogas?

A crença de que com as drogas o sexo é melhor, ou é melhor o desempenho sexual dos amantes, está intimamente ligada aos efeitos de algumas drogas, que de fato favorecem os encontros sexuais, aumentando a libido e/ou desinibindo os parceiros. No entanto, aumentar a libido e desinibir não significa favorecer o bom desempenho sexual. Muitas vezes ocorre o inverso, e o uso inadequado da droga provoca "fracassos na cama". Além disso, o uso abusivo pode tornar o indivíduo mais propenso a práticas sexuais de risco, como deixar de usar a camisinha. Não há contraindicação de prática sexual para quem usa drogas psicoativas. Com relação ao sexo (incluindo o anal), o grande risco decorrente do uso de psicoativos é a possibilidade de os parceiros abandonarem práticas seguras.

O que a droga provoca no organismo de uma mulher grávida? Que mal pode realmente causar se a menina viciada estiver grávida? As drogas podem prejudicar a gravidez? Mulheres grávidas que usam drogas podem perder o bebê? Os filhos dos maconheiros nascem com defeitos? A mulher grávida e fumante pode perder o filho por excesso de drogas? O leite materno pode ficar envenenado pelas drogas?

O consumo de quaisquer drogas lícitas ou ilícitas durante a gravidez é uma questão delicada, daí se recomenda a maior prudência. Durante a gestação, o feto está ligado à mãe pelo cordão umbilical e pela placenta, havendo troca constante de todas as substâncias presentes no sangue dela; logo, é afetado por todas as substâncias ingeridas pela mãe, sejam elas lícitas (medicamentos, cigarro, álcool, alimentos) ou ilícitas. O álcool passa diretamente da placenta para o sangue do feto. Isso não é bom, porque o organismo do feto não consegue processá-lo da mesma forma que o organismo de um adulto e fica exposto a seus efeitos durante mais tempo, com riscos para o desenvolvimento das células e dos órgãos, principalmente do sistema nervoso central. O uso excessivo ocasional ou crônico pode implicar lesões orgânicas ou neurológicas e parto prematuro. Fala-se de alcoolismo fetal, efeitos alcoólicos — o bebê nasce com sinais de irritação, mama e dorme pouco, apresenta tremores. Bebês gravemente afetados podem ter problemas físicos e mentais mais ou menos intensos, dependendo da gravidade do caso. Futuras mães que têm problemas com álcool devem ter acompanhamento especializado durante a gravidez.

Quando a mulher grávida fuma, o feto também fuma — recebe também todas as substâncias tóxicas do cigarro de tabaco, aumentando-se os batimentos de seu coraçãozinho, havendo risco de redução do peso e menor estatura ao nascer, bem como risco maior de aborto. Durante a amamentação, as substâncias tóxicas do cigarro passam pelo leite materno. Na gravidez, o cuidado com o uso de remédios deve ser norma, o cuidado redobrado com a prescrição médica. O uso de qualquer droga por via injetável, no caso de compartilhamento de seringas e agulhas, pode ter riscos de contaminação de hepatite e do HIV/Aids. A informação sobre os riscos contribui para prevenir danos.

Qual o tipo de tratamento adequado? Quanto tempo demora um tratamento para sair das drogas? Onde se encontram os centros de tratamento de reabilitação para drogados? É grátis? Além das clínicas de reabilitação e do processo de desintoxicação, que outros tratamentos existem?

O tratamento, a recuperação, a reinserção social e ocupacional de pessoas que usam drogas devem ser responsabilidade do Estado, articulado, em caso de necessidade, de forma complementar a ONGs e entidades privadas. As famílias, pessoas indiretamente relacionadas, também devem contar com apoio. Atendimento de qualidade e permanente, gratuito, além da capacitação continuada dos profissionais especializados, é fundamental. Políticas públicas de outros setores articuladas às da saúde são essenciais, caso contrário o tratamento poderá ter resultados pouco expressivos. Não basta internar e fazer o acompanhamento médico. É preciso que a pessoa tenha apoio na (re) construção de seu projeto futuro de vida.

Algumas pessoas que se tornaram dependentes e sofrem por isso buscam um tratamento especializado. Vontade de se tratar é fundamental para que o tratamento avance. Sua duração varia: depende da pessoa, do tipo de droga que usa, do tempo de uso, da relação que ela tinha com a droga e de sua possibilidade de equilibrar seus interesses.

O tratamento consiste em um acompanhamento multiprofissional e interdisciplinar que ajuda a pessoa a conhecer seus problemas e o papel que a droga tem em sua vida. Para alguns usuários, será vital "sair das drogas", porque só conseguem usar de forma abusiva. Para outros, a diminuição da quantidade será o objetivo, ou seja, passar do uso excessivo para um uso controlado. Para outros, vai ser importante substituir uma droga que os prejudica mais por outra de menor impacto em suas vidas. Muitas vezes, as pessoas em situação de dependência têm seu estado geral prejudicado; portanto, sua recuperação deve incluir acompanhamento clínico.

A rede pública de saúde tem preconizado uma rede de serviços para atenção integral aos usuários de álcool e outras drogas. Há os CAPs AD, criados pelo Ministério da Saúde e integrados ao SUS, que prestam atendimento longitudinal, com a ajuda de vários profissionais, gratuitamente. Articuladas aos CAPs há as Unidades de Acolhimento, que consistem em serviços da Rede de Atenção Psicossocial, com atendimento 24 horas, para aqueles usuários que necessitam de cuidados fora de seus domicílios, em regime de internação de baixa complexidade (sem necessidade de acompanhamento médico intensivo, como ocorre nos hospitais). Para a população mais carente e em situação de rua, existem também os chamados Consultórios na Rua (CR). Os CRs têm equipes volantes que realizam a assistência dessa população na rua ou facilitam o acesso aos equipamentos de saúde pública. O modelo de tratamento psicológico e clínico oferecido considera as diferentes possibilidades de meta a ser alcançada para cada pessoa em particular. Algumas universidades públicas também oferecem tratamento ambulatorial psicológico gratuitamente.

A rede privada inclui as Comunidades Terapêuticas, não integradas ao SUS, que têm serviços de abrigo e tratamento baseados no modelo Minnesota dos 12 Passos, com o objetivo da abstinência total. Pessoas que têm alguma religião tendem a buscar um tratamento que leve em conta suas crenças, e a maioria das Comunidades Terapêuticas no Brasil oferece ajuda espiritual. Grupos de Alcoólatras Anônimos (AA) e Narcóticos Anônimos (NA) se reúnem e compartilham seus problemas, ajudando-se mutuamente. Há também as clínicas especializadas, que oferecem tratamento mediante remuneração, nem sempre ao alcance de todos.

Usar várias drogas ao mesmo tempo, misturar, faz mal? O que acontece se misturar vários tipos de drogas?

Algumas pessoas usam várias drogas ao mesmo tempo. Numa festa, ao usarem álcool, buscam cocaína e, depois de usá-la, procuram a maconha. Dizem que o álcool desperta o "apetite" pela cocaína e que os efeitos da cocaína, por sua vez, quando se tornam desagradáveis, seriam compensados pela maconha para obter alguma "calma". Associar o uso de medicamentos psicoativos a outras drogas é perigoso, mesmo porque algumas interações não são bem conhecidas pela medicina. Associar medicamentos psicoativos com o álcool potencializa ou anula os efeitos de cada uma dessas substâncias.

Em geral, a interação de múltiplas drogas pode provocar reações adversas superiores à simples soma das reações adversas que se poderiam prever com o uso de apenas uma dessas drogas. Por exemplo, o consumo de duas drogas depressoras do sistema nervoso central potencializa os efeitos dessas drogas, causando danos importantes à saúde. Quem usa regularmente crack e tabaco tem mais chances de desenvolver doenças respiratórias. Ao mesmo tempo, se também consome bebidas alcoólicas, pode viver situações de overdose e psicose provocada por esse uso.

A droga mata? Toda pessoa que usa drogas em excesso morre? Como e em quanto tempo as drogas matam as pessoas? Qual droga mata mais? O crack mata mais ou menos? Com quanto tempo de uso? Se uma pessoa fuma maconha e passa para o LSD, ela pode morrer? Qual tipo de droga mata primeiro, a injetável ou o cigarro?

O uso nocivo ou patológico de álcool e outras drogas pode matar — como acontece no uso nocivo ou patológico de qualquer tipo de substância que ingerimos. Quem abusa da comida pode se tornar obeso mórbido e morrer de suas consequências. Quem utiliza frequentemente, de forma imoderada, açúcar ou sal pode adquirir patologias perigosas, como o diabetes melito e a hipertensão arterial. A má qualidade dos alimentos e da água consumida, que podem estar deteriorados ou contaminados, pode resultar em doenças graves e até na morte. Da mesma forma acontece com relação ao uso de álcool e outras drogas: é o comportamento de uso, a qualidade da substância e a quantidade que podem levar uma pessoa à morte.

No mundo todo, a principal droga responsável por doenças e mortes é o tabaco, respondendo por 70% dos casos fatais. Em segundo lugar, o álcool, com 20% (Organização Mundial da Saúde, 2004). Essas duas drogas citadas podem causar doenças graves e morte em razão da maneira equivocada de seu uso. No caso do tabaco, o determinante é o uso crônico de quantidades excessivas e a qualidade de sua produção (tantas substâncias tóxicas associadas à nicotina, já relatadas em capítulo anterior). No caso das bebidas alcoólicas, dirigir embriagado (acidentes de trânsito) ou agir de forma violenta podem levar à morte.

Segundo pesquisas (Duailibi, Ribeiro e Laranjeira, 2008:S545--S557) realizadas na cidade de São Paulo (onde a história de uso de crack no Brasil tem um tempo mais longo que em outras regiões), quem usa crack raramente morre pelos efeitos diretos da droga. A morte advém do alto grau de vulnerabilidade individual e social em que se encontra o usuário (pessoas em situação de rua, com baixíssima rede de apoio familiar e social). Entre as principais causas de morte dessa população estão o homicídio, os atropelamentos e doenças como as hepatites, a tuberculose e a Aids.

Não é a passagem de um tipo de droga para outro — passar da maconha para o LSD — que necessariamente produziria a morte. A associação das drogas potencializa seus efeitos. De maneira geral, a morte pode decorrer do contexto de uso da droga: frequência, quantidade, qualidade, associações, assim como das condições de vida da pessoa, seu grau de vulnerabilidade etc.

Como você se sente vendo uma pessoa drogada sem poder ajudar?

Um dos maiores agravos decorrentes do uso de álcool e outras drogas é a chamada overdose (superdose). A overdose é o termo em inglês para designar uma intoxicação grave em razão da exposição aguda do organismo a uma quantidade excessiva de alguma substância. Essa exposição excessiva produz efeitos adversos agudos no organismo, podendo levar à falência de órgãos vitais, como coração e pulmões, e, em consequência, à morte. Mas não só o excesso de uma droga pode resultar em overdose. A combinação de drogas com efeitos semelhantes que se potencializam, a combinação de drogas com efeitos contrários ou ainda a má qualidade do produto também podem estar na origem de overdoses. A associação do álcool à maconha potencializa a ocorrência de acidentes de trânsito (para quem dirige ou atravessa uma rua embriagado), já que existe a diminuição das capacidades motoras. Não existem relatos na literatura médica de overdose decorrente do uso isolado da maconha.

Na overdose por ecstasy, podem ocorrer arritmias cardíacas, taquicardia, palpitação, hipertensão arterial seguida de hipotensão, hipertemia fulminante (acima de 42°C), coagulação intravascular disseminada, insuficiência renal aguda, hepatotoxicidade e morte. O tempo estimado entre o uso exagerado e a morte varia para cada pessoa. Pessoas mais frágeis, com algum problema cardíaco ou psíquico anterior ao uso, por vezes desconhecido, podem ter reações fatais.

No caso de overdose, algumas medidas de urgência podem ser tomadas enquanto o socorro médico não chega. Se a pessoa está consciente, mantenha-a acordada, converse com ela. Se estiver inconsciente, mantenha-a em posição lateral de segurança, para evitar aspiração do próprio vômito, porque, caso isso ocorra, poderá ser fatal. Mesmo que você tenha noções de primeiros socorros, não perca tempo, chame por socorro médico e/ou leve a pessoa a uma emergência para que ela possa ser atendida o quanto antes.

Quem usa drogas, o que pensa sobre isso?

Reservamos um espaço para que as pessoas que usam drogas respondam às perguntas que foram feitas pelos jovens. Com base em sua experiência de vida, quem usou ou ainda usa drogas relata diversas situações de uso; situações de dependência; como se sentem os parentes de alguém em situação de dependência; situações de envolvimento com o comércio ilícito de drogas. As falas foram mantidas integralmente e refletem a história de vida dessas pessoas, direta ou indiretamente, relacionadas com o uso de bebida alcoólica e outras drogas. Para cada pergunta formulada, são apresentados depoimentos de várias pessoas, que aqui têm nomes fictícios. São casos individuais e que não podem ser generalizados. Agradecemos a tod@s que se dispuseram a contar aqui suas experiências.

O que você acha da droga? O que é a droga para você?

Joana. No primeiro contato, é legal, a maconha dá prazer e uma sensação de vida diferente, um barato! Mais tarde, mesmo com efeitos desconfortáveis no organismo, a sensação do prazer ainda é forte e o pensamento de voltar a usar fica registrado. Quando tem alguém próximo com quem podemos falar e que não nos critica, é um barato compartilhar o prazer que sentimos. A televisão e também os pais não falam do prazer, só dizem que faz mal. Mas tem gente que fica curiosa em experimentar, e, quando usa e sente o prazer que dá, deixa de acreditar em tudo que tinha ouvido falar antes. Mas conheço pessoas que experimentaram drogas e não tiveram prazer, daí não repetiram.

Júlio. Comecei a fumar maconha com 19 anos, meio tarde... Estava bem consciente do que era fumar. Antes de usar, já sabia mais ou menos o que era. Não foi curiosidade, foi... uma coisa espontânea: "Vamos fumar? Vamos!". Eu e dois amigos que nunca tinham fumado. Não foi influência de ninguém, não. Sabia o que é certo e o que é errado, achei que tinha que experimentar, experimentei, daí gostei! Ficava descontraído, rindo relaxado. Se não gostasse ia parar ali mesmo, mas tinha que saber o que era. Comecei a usar mesmo depois que saí do quartel. Cheirei também, comecei mais tarde e parei mais cedo. Não foi fácil parar, porque não é questão de vício, mas de gostar. Muitos roubam ou até enganam as pessoas para obter a droga. Gostei de usar, mas nunca enrolei as pessoas, nunca roubei.

Você experimentou drogas? Ainda usa? Por quê?

Maurício. Faz parte da vida! Mesmo com tantas informações que esclarecem o prazer e os riscos, ter curiosidade e vontade de experimentar drogas é algo que pode ser esperado. Como passar por festas sem tomar alguma bebida alcoólica? Os pais, mães, educadores ou pessoas próximas dizem para não usar drogas, mas eles não fumam tabaco e bebem na nossa frente? Não tomam remédio pra dormir?

Alberto. Comecei a experimentar drogas assim, de leve — experimentei todas —, para chamar a atenção de minha mãe, pensando que assim ela ia me escutar, se aproximar de mim. Não gostei muito, era mais uma provocação. Mas, que nada, ela se afastou mais ainda, me passou para "terceiros", me entregou para uma psicóloga. Usava também para me integrar na galera que eu conhecia.

Felipe. Quando usei pela primeira vez, foi num aniversário. Bebi um "coquinho", uma mistura de cachaça com a massa do coco. Fiquei doidão e quebrei tudo em casa quando voltei. Fui amarrado pela minha família, mas o registro do prazer foi maior e fui aumentando a frequência mês a mês. Então, o prazer, a sensação de segurança, de ser forte, de ser um super-homem fez com que eu continuasse a beber e depois associasse a esse uso outras drogas.

Joana. Já fumei cigarro de tabaco, mas não gostei. Fumei maconha com 15 anos. Mais tarde tomei ácido. Não gosto de café nem de refrigerantes, nenhuma bebida com gás. Não gosto de tomar remédios.

Quando preciso uso chás de frutas, chás naturais. Vinho eu gosto, relaxa a região da bacia. Mas gosto mesmo é de água, água de coco, chá de pêssego. Ultimamente comecei a achar que cerveja é bom no calor. Mas sei que a maconha pode alterar demais, dificultar as coisas que eu faço, por isso não uso diariamente. Só fumo quando estou livre depois, aí fumo sem outra ligação com o depois, não fumo para dormir, para fazer alguma coisa. Fumo pelo prazer mesmo. No último mês, fumei umas seis vezes, talvez menos.

Vicente. Já fumei maconha, mas fui obrigado a parar há 22 anos. Bebi e fumei maconha dos 13 aos 35 anos porque gostava, até que alterou demais minha saúde, minha vida. Portanto, o mesmo tempo que eu tive de uso tenho hoje de recuperação.

Aldo. Comecei a beber com sete anos, usei cocaína mais tarde, depois dos 30. Quem usa drogas não consegue viver na sociedade. Tem família que, em vez de ajudar, afunda mais a gente. E, quanto mais pressionado, mais vai afundar. Quem tem um parente em casa que usa drogas não deve ter vergonha, não deve maltratar, não deve chamar de bêbado, de animal, dizer que não presta, mandar embora de casa. A polícia prende quem usa e joga no presídio, às vezes "enxerta" droga no bolso da gente, fizeram isso com meu filho. Nós não temos culpa, mas somos condenados pro resto da vida.

O que você pensa das pessoas que usam drogas?

Cristina. Antes, pensava que eram pessoas ruins ou com dificuldade para se relacionar. Depois entendi que elas descobriram nas drogas um bem-estar: relaxavam depois de um dia de muito trabalho, diminuíam a ansiedade, mas, depois de passar o efeito, podia vir um mal-estar. As pessoas que usam lidam com o prazer e o desprazer na relação com a substância.

Sônia. Tem aquele preconceito com as que são proibidas. Beber e fumar, a gente faz abertamente. Eu bebo bem e já teve noite de passar mal mesmo. Mas, quando a gente vê alguém, numa festa, cheirando pó, dá aquele choque, como se a pessoa então fosse diferente do que a gente imaginava. É preconceito mesmo, porque álcool e cocaína são drogas; a diferença é que uma pode, outra, não.

As pessoas que usam drogas têm consciência do que estão fazendo?

André. Elas têm consciência de que estão se expondo quando usam drogas ilícitas. Sabem que não é legal, que correm o risco de ser pego pela polícia, e isso vai ter consequências. Sabem até que vem malhada, pode fazer mal. Mas, às vezes, a sensação de bem-estar acaba sendo mais forte e se arriscam mesmo assim. Já no álcool e cigarro, drogas socialmente aceitas, as pessoas acham que não tem problema, o que é ruim, pois fica a impressão de que elas não oferecem risco, e nem todo mundo sabe que isso não é verdade.

Por que as pessoas querem estragar suas vidas com drogas?

Maurício. As pessoas, quando começam a usar drogas, não têm essa visão de que vão estragar sua vida. A própria droga dá uma sensação de segurança de que isso não vai acontecer com ela. Quem usa acredita nisso. Mas a maioria que experimenta não tem problemas obrigatoriamente.

Júlio. Chega uma fase na sua vida em que você não pode ficar dependente dos pais. Você gosta de andar bem-vestido, ter um dinheirinho pra sair... e foi por essa questão que me envolvi no movimento. Não procurei outra opção. Era o que tinha ali, no momento você podia até procurar outro rumo, mas tava fácil, ali, na sua frente. Você precisa do capital, dinheiro, e a maioria das pessoas era conhecida... Não pense que pelo fato de serem pessoas conhecidas não vai acontecer nada contigo, porque, poxa, tráfico é tráfico. Não tinha medo, não. Sabia da responsabilidade, sabia que era errado. Ao mesmo tempo me sentia seguro, sou um cara consciente. Sempre pensei antes de fazer as coisas. Até que perdi um amigo, como um parente. Eu me envolvi no tráfico, ele se envolveu também. Mas ele foi um pouquinho além. Eu nunca almejei cargo lá dentro, tive o mínimo de responsabilidade possível. Mas ele se envolveu demais, aceitou um cargo e alguns fatos levaram à morte dele. Era muito colado comigo. Achei melhor dar um basta. Antes eu não era assim, tô mudando. A droga não estava me levando a nada. Hoje tenho família e trabalho. Uso maconha regularmente, mas não estou mais no tráfico. Não sei dizer se um dia me envolvo de novo. Sei que hoje estou mais próximo dos meus pais. Levava uma vida independente, mas me sentia envergonhado.

Como você se sente vendo hoje pessoas drogadas como você já foi?

Vanessa. Primeiro, tenho uma sensação de mal-estar: uma mistura de raiva, tristeza e frustração, porque já passei por essa situação. Depois, essas emoções vão se acalmando e vou sentindo compaixão daquele que sofre com isso. Sinto que é preciso ajudar.

Como um drogado reage quando é atendido por um especialista? Como chegar ao local onde se lida com drogados?

Felipe. De início, tenho medo e raiva. São muitas as perguntas que nos fazem, querem saber tudo sobre nossas vidas, e isso dá muito desconforto. Os profissionais justificam que precisam saber tudo sobre nós para nos ajudar. Mas é muito difícil no início! É bom quando os profissionais não criticam, sabem ouvir, mostram-se interessados. Em alguns lugares existem profissionais que também tiveram a experiência pessoal do uso de drogas, e isso ajuda a relaxar e a confiar na equipe.

Duda. Os profissionais dos CAPS AD são anjos, nos deixam falar, a gente fica bem, porque eles falam a nossa língua. Cheguei lá quando estava no fundo do poço. Lá, temos várias atividades — oficina de mosaico, horta. Podemos passar o dia ali, o CAP é o nosso refúgio. Acho que as pessoas, as autoridades deviam ter mais carinho por esses profissionais. A família quer internar a gente, mas depois de 30 dias, quando a gente sai, pensam que estamos "curados", e não é verdade. Precisamos ter um acompanhamento.

Como lidar com as pessoas que lhe empurram drogas? Se aquela pessoa que é nossa amiga do peito tem coragem de nos oferecer uma droga, o que devemos fazer? Quando uma pessoa está no meio de amigos e alguém propõe uma droga, como dizer não?

Vicente. Acho que ninguém empurra drogas. Existem pessoas que insistem para você usar e, quando você não aceita, fazem o que podem até você largar o grupo. Seria fácil dizer que se afastar é o melhor caminho, mas muitas vezes quem propõe é namorado(a), amigo(a) e familiares, pessoas que amamos. Então, não é fácil! Não dá para substituí-las, mas não dá também para correr o risco de complicar a vida. Então, em cada momento, temos que tomar alguma decisão, desde manter o copo cheio com algum líquido não alcoólico até se afastar de espaços comuns.

Cristina. Tem gente que oferece, sim. É o que não falta. Sempre tem alguém oferecendo, principalmente a bebida alcoólica. Mas sempre é possível dizer que não, se não queremos; eu nunca tive problema de dizer não, mas tem gente que se intimida e acaba experimentando sem querer mesmo.

César. Até hoje, com 22 anos de abstinência e convencido de que não devo mais voltar a beber, recebo de pessoas queridas da minha própria família o convite para tomar "só uma cervejinha", "uma dose de uísque". No dia em que me casei, me deram uma taça de espumante para brindar com minha esposa e tiramos a fotografia dessa celebração. Em geral, os amigos do peito não têm consciência do que significam as drogas para aqueles que realmente desenvolveram problemas com elas. Assim, tenho aprendido a conviver com essas pessoas percebendo que não posso viver num mundo sem drogas.

Gislaine. Bebo álcool socialmente e já fumei tabaco. Uma vez, estava em casa de amigos e alguém tinha levado cocaína e propôs a todos. Uma parte cheirou, eu e mais alguns dissemos que não, não teve nenhum problema, cada um respeitou o outro.

Como é a vida de um viciado em maconha?

Paulo. Não é comum alguém estar viciado em maconha! No meu caso, acho que fiquei dependente porque meu pensamento estava ligado em como consegui-la e no próximo momento de fumar. Isso atrapalhava a vida, ficava muito ansioso até conseguir. Saía do meu trabalho para fumar em horário não permitido. No entanto, se levasse maconha para o trabalho, era pior! Queria interromper o que fazia para usar. Mas ainda acho que, apesar do forte desejo pela maconha, sofri mais com minha dependência do álcool.

O que os drogados são capazes de fazer para conseguir drogas?

Sônia. Penso que não há atitudes comuns a todas as pessoas que usam drogas. Algumas mentem, trapaceiam e até cometem crimes, como roubos. Vai depender da origem social e cultural de cada um. A mídia divulga os casos extremos de pessoas que assaltam, roubam coisas da família para vender e conseguir dinheiro. Mas para alguns será mais fácil conseguir sem a exigência de atitudes de maior risco.

Como os drogados se relacionam com os amigos em geral? Como fica a relação de quem usa drogas com os amigos que não usam? Quem fuma maconha só de vez em quando consegue ser amigo de quem fuma o tempo todo?

André. Depende da tolerância dos amigos. Alguns grupos aceitam conviver com pessoas que usam drogas; outros, não. Quando esse uso dá problema na família e na comunidade, pode haver um afastamento dos antigos amigos e uma procura por outra roda de convivência. Em sua fantasia, a pessoa pode ter a impressão de que foi rejeitada pelos seus antigos amigos. Existe muito preconceito em relação a quem vive ou viveu como drogado. A relação com os amigos que não usam pode ou não ficar complicada. Se alguém fuma maconha só de vez em quando e os outros não, pode não haver problema, as pessoas se respeitam. Pelo menos no início, a convivência não se altera muito. Mas conviver com uma pessoa que está envolvida o tempo todo com drogas é difícil. É como na vida em geral, as pessoas têm gostos em comum, mas se têm gostos tão diferentes, como ser amigo, como conviver?

Você tem algum parente ou amigo de infância envolvido com drogas, viciado? Você conhece a experiência de alguém que se viciou?

Vanessa. É muito comum ter amigos e familiares com problemas relacionados com as drogas. Em minha cidade de origem, nossos pais e tios nos davam, desde criança, bebida alcoólica e nos ensinavam a habilidade de atirar. Essas duas práticas na adolescência ganharam uma força importante, e muitos de nós tivemos problemas com o vício.

Gislaine. A cada final de ano, era difícil escolher a casa de quem íamos nos reunir. Meu irmão perdia o pé na bebida e sempre causava confusão. Todo mundo ficava mal. A gente passava o ano todo tentando ajudar, procurando tratamento pra ele, ia junto, mas nada resolvia, ou resolvia só um pouco, durante um tempo. A mãe sofria com isso, e a gente não sabia o que fazer. Na casa dela não dava mais para a gente se encontrar, porque ela se desesperava. A gente resolveu fazer o Natal na nossa casa mesmo; quando ele aprontava, a gente dava um jeito de levar a mãe embora para a casa dela. A convivência é difícil.

Clara. Tive um amigo que começou a usar cocaína e álcool, ficava caído na calçada. A mãe dele ficou com medo, não quis mais que ele morasse com ela e a irmã. Falou com o porteiro para não deixá-lo mais entrar no prédio, porque uma vez ele quebrou muita coisa em casa. Alugou um quarto, e ele foi morar sozinho. Era menor de idade e ela o internou à força numa comunidade terapêutica bem longe de casa. Quando ia visitá-lo, ele não queria conversa com ela. Anos depois, quando já estava melhor, voltou para casa. Três vezes por semana vai a um centro de convivência durante o dia. Hoje, o problema dele não é mais a droga, mas os problemas psiquiátricos que se manifestaram. Não consegue trabalhar. Convive bem com a mãe, que aceita as limitações dele. Quem não tem?

Gislaine. Tive a minha experiência e acompanhei a dos meus parceiros, no período de uso. Conheci também muitas outras quando me dediquei a tratar de pessoas que estavam dependentes. Escutava diariamente seus problemas, a dificuldade em largar a droga, em enxergar uma saída fora dela. Eu também sentia como era difícil ajudá-las a construir uma alternativa. Ninguém tem uma varinha mágica. Quem se livra da dependência é porque teve apoio dos outros.

Você já foi dependente de alguma droga? Você tem namorado(a)?

Joana. Fumo maconha, mas não quero ter problemas, controlo o uso, cuido da saúde, mantenho minhas atividades. Compro uma quantidade pequena, e fumo a dos outros também. Não dou mole, sou mulher e branca, isso também me protege de problemas. Não me arrisco, não deixo que a maconha tome conta ou determine minha vida. Mas tenho amigos que ficam fumando maconha o tempo inteiro, ficam meio catatônicos, só se relacionam com os que fumam, só falam sobre isso, como conseguir, como aproveitar mais. Uns ficam perturbados quando não têm a droga na hora que desejam muito ter. Ficam só no grupo, talvez por uma questão de segurança; acabam só se interessando por atividades preguiçosas. Ficam assim, mas já eram meio assim antes, sem outras atividades. Aí é muito difícil ajudar, porque junto com a obsessão vêm outras coisas, valores, interesses, que separam.

Carlos. Sim, já vivi nessa condição. Além do álcool, tinha muita atração pela maconha. Associava bebida a essa droga. Quando parei de usar, fui obrigado a não consumir essas drogas.

Luís. Já fui dependente, e minhas namoradas, nesse período, também usavam drogas. Essa foi uma dificuldade que tive no início da recuperação. Como me relacionar sem me colocar em risco de voltar a beber e fumar? Só conhecia mulheres que compartilhavam comigo da bebida e da maconha. Aos poucos, fui ampliando meu grupo de amigos. Hoje não bebo mais, com o álcool a vida ficava difícil mesmo, mas fumo maconha de vez em quando. Tenho namorada, sim. Ela não viveu o que eu vivi. Não fuma e, para me dar força, também não bebe, diz que não sente falta.

Você sabe de alguma desgraça que aconteceu com quem se viciou?

Ricardo. A que mais me marcou foi a de um cara que, ao ir comprar cocaína numa favela do Rio, foi confundido com um membro de uma facção que estaria para invadir o território. Tinha 23 anos de idade e uma águia tatuada nas costas, símbolo desse grupo que invadiria a favela. Não houve tempo para defesa. Ele foi alvejado com vários tiros e morreu brutalmente. Até quando estaremos sob tanta violência?

Vânia. Todo dia, na televisão e nos jornais, a gente vê muita desgraça ligada às drogas. Até que ponto é verdade é difícil de saber. Quem se vicia tem medo de procurar ajuda quando usa uma droga proibida por lei. Como vai pedir ajuda se tem medo de dizer o que usa? Ao mesmo tempo já li num jornal o caso de um rapaz que tinha sido morto num tiroteio com a polícia porque "era traficante", segundo a polícia. Mas a família jurava que ele era trabalhador e honesto, e na reportagem dizia que ia entrar com ação pedindo justiça, reparação, porque na mochila dele não tinha arma nem droga. Vai saber...

Você conhece alguém que teve problema com a polícia por causa de drogas?

Gislaine. Beber e dirigir não combina. A gente sempre acha que não bebeu tanto assim. Saiu no jornal o caso de um homem que atropelou e matou uma pessoa. As pessoas que estavam na rua viram como ele saiu cambaleando do carro. Era gente importante. Fugiu do local com ajuda de amigos que chamou pelo telefone. Mas quem viu anotou a placa, e a polícia descobriu sua identidade. Saiu tudo no jornal. Mas não sei se pagou pelo que fez.

Clara. Usar drogas ilícitas sempre nos põe em risco da ação da polícia. Para usá-la, precisamos comprar e carregar, o que nos expõe a sofrer ação penal em caso de sermos pegos em flagrante. Segundo a nova lei sobre drogas, quem usa não será mais preso. Mas é preciso ter dinheiro para pagar sua defesa. Já acompanhei julgamentos de pessoas que tinham sido flagradas com drogas ilícitas, tinham pouca quantidade consigo, mas foram presas como traficantes. Perderam emprego, a família largou, ficaram mais de seis meses esperando audiência com a juíza, que então liberou.

Vânia. Tive um amigo bem legal, morava na mesma comunidade que eu. Estudava de dia e aos domingos trabalhava na feira com o pai. Tarde da noite, voltando de uma festa, a polícia invadiu atrás do pessoal do tráfico. Ele foi confundido e morto. Saiu no jornal que ele era do tráfico. Mas dias depois saiu no jornal outra notícia de gente que conhecia ele da feira e sabia que ele era um rapaz educado e trabalhador. A família também conseguiu dar entrevista, estavam desesperados e disseram que iam provar tudo na Justiça. Mas, para quem leu a notícia na hora, ficou a impressão de que ele morreu por causa de droga.

Sandro. Eu era guri, tinha uns 11 anos, quando, num domingo, uma amiga me chamou para pular o muro da escola onde ela estudara, queria me mostrar como era lá dentro. Mal a gente pulou o muro, o segurança, que conhecia ela, chamou a atenção e foi nos levando para a porta de saída, numa boa. Mas uma velhinha que morava em frente achou esquisito e chamou a polícia, que foi logo nos empurrando dentro do camburão, dizendo que a gente estava cheirando cocaína. A sorte é que demos o meu endereço e meus pais estavam em casa. Eles ficaram um tempão de conversa com os policiais, até que eles nos soltaram. Foi puro preconceito.

O que você diria aos jovens sobre o uso de drogas?

Joana. A curiosidade pode levar a experiências ótimas, mas tem que fazer bem pra você, e o que é bom pra você é sempre algo que amplie suas possibilidades, nunca diminuindo ou estreitando. O jeito que eu uso até agora tem me protegido, não tive problemas, mas tenho que estar atenta; afinal, quem sabe o futuro?

André. Os adolescentes acham que, porque você deu um puxa num baseado, tudo é alegria, já está alucinado, mas a realidade não é bem essa. Às vezes é melhor nem experimentar, porque há possibilidade de gostar. Experimenta, acaba gostando, acaba mais além. Tudo tem que ser moderado. Até a melhor coisa que existir, se usar demais, uma hora não vai ser legal.

Alberto. Comecei a usar drogas na adolescência pra chamar a atenção de minha mãe. Mas qual! Tem mãe que parece adolescente e não vai mudar nunca, ela nem se tocou. Na terapia aprendi a não exigir tanto dela. Mas não moro com ela, não. Ainda fumo maconha de vez em quando. Mas preciso de alguém que me dê limites, então passei a morar com meu pai.

Júlio. Larguei o tráfico porque não queria fazer meus pais sofrerem. Se acontecesse alguma coisa comigo, tudo bem, eu paguei pra ver. Mas e meus pais? Como é que iam ficar? Sempre respeitei muito eles, até hoje peço a benção, "como é que tá, pai e mãe?". Chamo de senhor, senhora... Então, abandonei, acho que mudou alguma coisa, mas não mudou tanto, porque fiz parte disso, mas não me deixei levar.

Profissionais de saúde tratam, mas o que pensam sobre isso?

Constatamos que, ao longo de todos os capítulos, aparecem com frequência nas perguntas alguns termos e expressões, como "drogados", "viciados", "mundo das drogas", "cura", "degeneração", "salvação". De fato, são termos e expressões construídos ao longo do tempo. Surgem num contexto social de proibição das drogas e contribuem para desqualificar quem usa e identificar o consumo como a causa de todos os males do mundo. Quem atua nos centros de atendimento de saúde relacionado com drogas tenta reconstruir a linguagem negando o que é preconceituoso. Assim, neste capítulo, profissionais de saúde que atendem pessoas em situação de dependência, na óptica da redução de danos, dão seus depoimentos, propondo alternativas e repensando a própria linguagem sobre o tema.

Qual droga leva mais pessoas a se tratar?

Álcool, cocaína e crack geralmente são as que mais motivam a busca de tratamento. A cocaína e o crack são as que mais levam a um processo de desorganização, de desestruturação da vida das pessoas.

Como uma pessoa se sente ao encontrar pela primeira vez um drogado?

Depende de cada pessoa. Muita gente entra em desespero, achando que tudo está perdido, tem sentimentos desconfortáveis, como culpa e raiva, não quer nem ver, só pensa em abandonar. Mas tem gente diferente, que tem educação e cultura e reage de outra forma, com vontade de ajudar.

O que devemos fazer se conhecemos uma pessoa envolvida com drogas?

A melhor reação ao ver alguém envolvido com drogas é não desistir dela, ficar junto. Ajudar, orientar, verificar se a pessoa tem consciência dos riscos e dos danos, se quer tratamento. Nem sempre a pessoa aceita. Por vezes, é necessária a convivência regular para indicar que, quando precisar de ajuda, a gente vai estar ali para ajudar. Não podemos forçar ninguém a ser ajudado. Cada caminho será construído na história de cada um.

Como as pessoas explicam como se drogaram pela primeira vez?

Geralmente, não há nenhum grande ritual de entrada nas drogas. As pessoas explicam que tiveram pequenas e cotidianas aproximações. Na adolescência, amigos influenciam, sim. Mas geralmente o uso da droga como dependência acontece a partir da necessidade de preencher um vazio, um buraco, gerando um ciclo que exige cada vez mais consumo. De alguma forma, em consonância com nossa cultura de consumo. Quando as pessoas chegam a um centro especializado, o primeiro uso já ficou longe, no passado. Daí falarem de sofrimento, dos problemas que motivam o pedido de ajuda. As reações podem ser diferentes, dependendo do caso. Algumas vêm sozinhas; outras, acompanhadas por alguém da família. Algumas não têm um quadro de dependência, mas sim de uso, sem maiores problemas, e vêm porque o pai ou a mãe insistiu, mas não têm uma demanda de tratamento. Algumas famílias relatam conflitos em casa, pedem orientação sobre como agir no dia a dia, que limites devem ser estabelecidos em casa, de que forma estar atento a possíveis problemas que venham a acontecer, como motivar o familiar a pedir ajuda. De maneira geral, de forma muito simples, as pessoas contam seus problemas com drogas, como romperam laços e perderam oportunidades por conta da dependência.

O drogado aceita se tratar? Como convencer um drogado a se tratar?

Em geral, a decisão de aceitar o tratamento é pessoal, mas um amigo pode sinalizar problemas decorrentes do uso, pode sugerir a necessidade de ajuda, ir junto, num primeiro momento. Quando já se nota sofrimento psicológico, quando a pessoa começa a ter complicações de saúde, de risco, quando percebe que sua autonomia diante da droga está fora de controle, é hora de se tratar.

Às vezes há negação da dependência, a pessoa acredita que, se quiser, para. A compreensão de que nem sempre isso é possível varia, podendo acontecer, por exemplo, a partir do pedido da mãe, que se preocupa com riscos maiores. Às vezes a pessoa não tem meios para se tratar, não sabe quem procurar, tem medo do preconceito. A melhor estratégia é aceitar a pessoa como ela está, e não como nós gostaríamos que estivesse, ficar junto tentando entender sua dinâmica, ajudando-a a buscar tratamento. As pessoas que usam drogas temem o preconceito que a sociedade tem em relação a elas, preconceito que gera um sentimento de incapacidade em mudar a vida.

A maioria dos usuários de crack diz querer se tratar, mas aponta critérios que poderiam facilitar essa busca: gratuidade, garantia do anonimato e horário conveniente do atendimento; serviços básicos de saúde, alimentação e higiene disponíveis no mesmo local; encaminhamentos variados para retomada do estudo, para conseguir emprego, moradia, atividades de esporte e lazer (Bastos e Bertoni, 2013), ou seja, manifestam a compreensão de políticas públicas integradas para solucionar os problemas que vivenciam.

Quais tratamentos existem para os viciados? Qual o melhor tratamento? Quais instituições ajudam? Quanto tempo leva um tratamento?

Em primeiro lugar, evitar as denominações "drogado" ou "viciado", que remetem a pensar a droga em si, e não a pessoa, com sua história de vida e seus problemas. Existem vários tipos de tratamento para quem quer deixar de usar drogas: acompanhamento psicológico em ambulatórios e centros de atendimento especializados; internação para desintoxicação; atendimento psiquiátrico; espaços de convivência; troca de experiências em grupos anônimos, sem a presença de profissionais especializados; escuta organizada pela própria comunidade. O tratamento tem como ponto de partida pensar a pessoa para além da droga, dando conta dessa dor e dessa angústia. Existem muitas formas de abandonar as drogas, e elas devem ser articuladas entre si. A clínica, com o cuidado com o corpo, a busca de outras formas de ter prazer, repensando a relação com a família, com os amigos, com o trabalho. Voltar a sonhar faz parte da construção de um projeto de futuro.

O acompanhamento da família ajuda diretamente aqueles que vivem juntos e, por vezes, auxilia quem sofre por drogas a formular a demanda por tratamento. Ao tratamento individual se soma esse acompanhamento familiar. Espaços de convivência, hospital-dia, são espaços de apoio importantes.

O melhor tratamento é aquele com quem a pessoa mais se identifica, aquele que a respeita em sua cidadania. O tratamento deve ter como objetivo considerar as possibilidades de cada pessoa, seja a abstinência, seja uma relação de equilíbrio com a droga. Mas nem todo mundo consegue, quer e pode abandonar as drogas. Alguns preferem parar de vez, outros vão espaçando o consumo até que ele deixe de ser importante, outros passam a consumir de forma protegida. Quando a pessoa tem alguma religião, em geral procura uma instituição de tratamento que privilegie esse aspecto.

Existem vários espaços de tratamento para a dependência de drogas — instituições públicas, como os CAPS AD, ambulatórios ligados a algumas universidades públicas, clínicas privadas, internações em instituições de caráter religioso, centros de convivências. Grupos anônimos — Alcoólicos Anônimos, Narcóticos Anônimos — se organizam entre si, compartilham suas experiências, sem a presença de especialistas. A possibilidade de ajuda efetiva depende de um trabalho constante, com uma equipe integrada, com supervisão e discussões clínicas.

O tempo de tratamento da dependência varia. Cada pessoa é diferente da outra. O tempo é particular, mas pode-se dizer que tem a duração necessária para que ela consiga rever sua relação com a droga, o efeito que tem em sua vida, e consiga construir novas configurações emocionais, sociais. Não é um processo simples e rápido. A eventualidade de uma recaída existe, mas também existe a possibilidade de uso controlado. A pessoa que fez tratamento para a dependência de droga permanecerá um ser humano com todas as suas possibilidades e limitações. Algumas instituições registram um mínimo de dois anos, tempo necessário para que a pessoa crie um vínculo forte com a instituição e consiga repensar sua vida.

Como se sente alguém que já foi dependente de alguma droga? Como se sentem os viciados após perderem a dependência das drogas?

As reações são muito variadas. A pessoa pode ficar com uma sensação de insegurança, por causa das próprias expectativas na busca de uma "cura". No processo de tratamento, as pessoas deparam com suas próprias vidas e pensam no que fazer para melhorá-las e também como melhorar seus relacionamentos. Mas a insegurança leva a duvidar de si, dúvida que, no entanto, pode ajudar e até ser crucial para a superação da dependência. Alguns têm a sensação de ter se livrado de um fardo, outros sentem mesmo uma sensação de "cura". Alguns falam em "controle da dependência" ou mesmo de "perda da dependência".

Na dependência, a sustância se torna exclusiva na vida da uma pessoa, que então esquece outras fontes de interesse e prazer, mantendo uma relação desmedida com a droga. Podemos nos tornar dependentes não só das substâncias psicoativas, mas também de outras fontes de prazer, como jogo, afeto, religião, sexo, trabalho, compras, entre outras. Uma pessoa que supera a relação de dependência com as drogas sente um grande alívio ou uma grande falta/vazio. Muitas vezes, isso não ocorre de forma instantânea. Em geral, progressivamente consegue colocar a droga em seu devido lugar e instaura novas fontes de prazer. Mesmo quando alguém para de usar abruptamente uma droga, pode-se dizer que, de alguma forma, já vinha pensando nisso internamente.

No lugar de tratamento de drogados acontecem agressões? Você já presenciou ou soube de alguma agressão institucional contra os dependentes?

Vivemos numa sociedade violenta, e a droga pode ter um papel de alívio momentâneo da angústia de viver nesse ambiente. A competição constante entre as pessoas é um fator de muita angústia. Mas a agressividade é uma condição que está nas pessoas, e não na droga. Nenhuma droga tem o poder de transformar uma pessoa calma em violenta. Sem dúvida, pessoas que ficam dependentes de uma droga vivem um estado de tensão difícil de ser contornado. Durante o tratamento, em alguns momentos, a tensão explode, daí a importância de normas e limites que são estabelecidos como forma de prevenir conflitos, agressões. Qualquer pessoa admitida num local de tratamento é informada de que não serão admitidos nenhuma violência verbal ou física e nenhum consumo de drogas dentro da instituição. Diante de eventuais conflitos, a equipe de saúde coletivamente reage com firmeza, com diálogo, jamais de forma violenta. O sujeito da agressão é comunicado que deve deixar a instituição, sendo suspenso por um período determinado, após o qual poderá retornar para ser de novo atendido.

Mas também há agressões perpetradas pelas instituições contra as pessoas atendidas. Há relatos de agressões físicas, morais e éticas graves. Há uma tendência na sociedade em achar imoral usar drogas, e por isso algumas instituições se julgam no direito de castigar quem usa. Os abusos de autoridade ocorrem em várias situações: na rua, quando as pessoas suspeitas de envolvimento com drogas são humilhadas, maltratadas pelos responsáveis pela segurança pública; nas clínicas de tratamento, quando são retirados os documentos pessoais dos pacientes, quando as acomodações ali se assemelham mais a celas de uma prisão. Não há ou há pouca fiscalização, as equipes não têm o preparo necessário, e isso facilita a negligência e a violência.

Quando as pessoas estão internadas para tratamento e recebem visitas, estas têm como levar drogas para elas?

Pessoas que estão internadas muitas vezes têm acesso às drogas que chegam por intermédio das visitas. Na prática, essa é uma ação que boicota as chances oferecidas pelo tratamento e que será motivo de desligamento da pessoa por um período de tempo determinado. Quem é recebido nos CAPS AD, quando necessita de internação, é encaminhado para clínicas populares, gerenciadas por uma coordenação estadual de forma aberta. Isso significa que não estará confinado e que sua permanência depende de sua própria vontade.

Entender isso é importante para entender a lógica da visita e da possível circulação de drogas. As visitas são gerenciadas de modo diferente em cada instituição, mas sempre serão permitidas. Podem tentar levar drogas, tanto quanto as pessoas que estão internadas podem tentar trocar drogas entre si. Há casos de funcionários que fazem isso. Mas as instituições têm normas que dificultam o uso e em geral estabelecem regras no sentido de proibir tais situações. No caso de desrespeito dessas normas, a pessoa é suspensa do tratamento por um período de tempo determinado. Quem está em tratamento tem o compromisso de ser um parceiro comprometido com seu próprio cuidado.

Quais as chances e qual o melhor tratamento aos viciados em LSD?

O melhor tratamento para pessoas que dependem de qualquer droga é aquele que contribui para que a pessoa reorganize seu projeto de vida. As chances serão maiores e fortes se levarmos em conta a personalidade e a história de vida da pessoa, a droga de uso e o meio em que tudo acontece, ou seja, a sociedade, a cidade, a família. Havendo alguma mudança num desses elementos, a situação muda para melhor. O tratamento não pode ser avaliado isoladamente. É preciso que a pessoa consiga reestruturar seu projeto de vida.

O tratamento de um viciado é difícil? Todos que têm força de vontade conseguem se livrar das drogas?

Não é simples para quem usa drogas renunciar ao prazer que elas propiciam, ainda mais quando essa renúncia é decidida pela família, em função de exigência do trabalho ou por orientação médica. É muito gratificante para o profissional que acompanha a pessoa vê-la livre da dependência. A força de vontade é importante, e também a necessidade de autocontrole, de construir autonomia. Há situações em que as pessoas podem estar desmotivadas, mas isso pode mudar, desde que lhes sejam abertas novas possibilidades, a percepção de novos caminhos e rumos na vida. Por isso é tão valioso o contato com os diversos profissionais de saúde, educação, assistência social.

Quem usa drogas não pode ficar à margem, precisa se sentir incluído socialmente. Mas não basta ter apenas força de vontade individual, porque vivemos e reagimos em sociedade, em família, com as instituições. Nem todos nós temos, em todos os momentos, as mesmas condições de interagir com essas instâncias. A disposição para o enfrentamento do que se tornou um problema, no entanto, é fundamental, e sem esse desejo não há tratamento. Às vezes acontecem recaídas, mas o que importa é dar continuidade ao tratamento, com apoio de uma equipe bem-articulada, interdisciplinar, ou seja, profissionais de diferentes áreas trabalhando com a mesma pessoa.

É possível largar as drogas depois de um longo período de viciado? Depois de quantos anos de vício é impossível alguém ser curado?

Ajuda profissional, médica e psicológica são importantes. Às vezes, a família também precisa entrar em tratamento. Existem casos de pessoas que se equilibram com o apoio de alguma religião ou com o apoio dos grupos de anônimos (Alcoólicos Anônimos e Narcóticos Anônimos). A retomada da vida na direção da autonomia é perfeitamente possível. A dependência de drogas deve ser sempre considerada provisória. As pesquisas falam de uma recuperação em torno de 20%, mas não devemos trabalhar com estatísticas, o que seria justificar os casos de insucesso. Todos têm chance de recuperação. Uma pessoa em situação de dependência pode largar as drogas mesmo depois de um longo período de uso, ainda que, sem dúvida, após esse período aumentem as chances de maior comprometimento da saúde. Porém, tudo depende da personalidade de quem usa, da substância de escolha, da forma como cada um usa e do meio em que vive. A idade é importante; quanto mais jovem a pessoa for, mais perspectivas poderá ter no futuro, terá mais tempo diante de si e o prognóstico poderá ser melhor.

O entendimento de "cura" pressupõe a existência de uma pessoa doente. Quem usa drogas nem sempre é um doente, ainda que possa ter estabelecido uma relação adoecida com a droga. Se a pessoa consegue rever sua relação com a droga, com ajuda profissional terapêutica, pode viver melhor, diversificar suas fontes de prazer de modo a não ter esse problema. Nessas condições, podemos dizer que o estado de adoecimento passou e que a pessoa agora tem outras maneiras de lidar com a vida.

Um viciado em recuperação pode morrer?

Quem faz tratamento ambulatorial circula na cidade, podendo estar exposto a comportamentos de risco. Por isso é muito importante avaliar bem se a pessoa precisa de internação ou não. O risco de morte pode estar associado a muitos fatores: retirada brusca da substância psicoativa, complicações clínicas relacionadas com doenças psiquiátricas, entre outros. Porém, o risco de morte está muito mais presente na prática de uso, com as overdoses (mistura de substâncias, uso de altas doses, por exemplo). São reais os riscos de morte associados à relação com o comércio ilegal das drogas e com a violência dele decorrente. Da mesma forma, existem os riscos de transmissão de doenças que envolvem a prática descuidada de drogas — compartilhamento de seringas, cachimbos, canudos que podem transmitir doenças como HIV, hepatites, tuberculose, entre outras.

Uma pessoa drogada doando sangue pode drogar outra que não é drogada?

Não. A droga em si não passa do sangue de uma pessoa para outra. Mas a doação de sangue implica riscos seja para o doador, seja para os receptores. Com base nesse pressuposto, o Ministério da Saúde criou a Portaria nº 1.353, de 13 de junho de 2011, que, entre outras disposições, define normas relacionadas com a doação de sangue, inclusive na eventualidade de uso de drogas lícitas e/ou ilícitas. Avaliação dos antecedentes e do estado atual do candidato e seu estilo de vida pode determinar a inaptidão definitiva para a doação nos casos de: evidência de alcoolismo crônico; história atual ou pregressa de uso de drogas injetáveis ilícitas (inspeção de ambos os braços dos candidatos para detectar evidências de uso repetido de drogas parenterais ilícitas); antecedentes de compartilhamento de seringas ou agulhas, canudos, cachimbos entre pessoas que usam drogas e são portadora do HIV e hepatites. A inaptidão temporária é determinada nos casos de ingestão de bebidas alcoólicas (contraindica a doação por 12 horas após o consumo); uso de anabolizantes injetáveis sem prescrição médica, crack ou cocaína por via nasal/inalação (por um período de 12 meses, contados a partir da data da última utilização) e uso de maconha (impede a doação por 12 horas). No caso de dependência, a portaria recomenda também a avaliação criteriosa do comportamento individual do candidato e do grau de dependência, dando foco à exposição a situações de risco acrescido de transmissão de infecções (Hemorio, 2010).

Por que uma pessoa se interessa em trabalhar com drogas? Quem trabalha com drogados gosta desse trabalho? É difícil trabalhar com drogados?

Há pessoas que, ainda na faculdade, começam a ter interesse em trabalhar com questões sociais. Curiosidade, solidariedade, cuidado com o outro; afinidade com causas sociais, com o trabalho em comunidades, interesse nas políticas publicas de saúde; atração pelos desafios, experiência pessoal de uso, uso entre familiares e amigos, já ter sofrido na pele algum tipo de discriminação são algumas motivações.

O tema das drogas está na ordem do dia, em seus diversos aspectos — saúde, educação, serviço social, trabalho, direito —, e abre um campo profissional para as mais diferentes áreas. Ter disposição para enfrentar preconceitos é fundamental. Gostar de lidar com uma questão de interesse público é talvez o principal motivo. Há pessoas que se apaixonam pelo que fazem, ainda que em meio a muitas dificuldades. É preciso ter bom preparo emocional, dedicação, estar integrado numa equipe articulada, interdisciplinar, ou seja, com profissionais de diferentes áreas.

Muitas vezes, o cansaço, a falta de resultados imediatos, o distanciamento entre o trabalho cotidiano e as ações governamentais na resolução dos problemas dos que dependem de drogas são situações que desanimam. Mas, cada vez que o profissional vê alguém que já sofreu por drogas melhorar, (re)construir sua vida, sem dúvida isso compensa as dificuldades.

Todo trabalhador social carrega certa dose de frustração profissional, afinal, isoladamente, não vai poder dar conta do mundo. Daí a importância e a urgência de políticas públicas articuladas, função e responsabilidade do Estado. Dessa forma, fica menos difícil.

Quando você foi chamado para trabalhar com drogados, ou se candidatou, passou por sua cabeça seu possível envolvimento com drogas? As pessoas que lidam com dependentes têm medo deles?

Os profissionais que trabalham na área de drogas não são imunes às drogas, são seres humanos como todo mundo. Alguns acham que trabalhar com a dependência favorece um distanciamento maior. Quem trabalha em hospitais, por vezes, fica muito próximo a substâncias psicoativas, que se tornam uma tentação a ser enfrentada. Algumas pessoas que já viveram a dependência conseguem trabalhar na área, sentem-se mais seguras num espaço onde são aceitas, sem preconceitos e medos. O uso de drogas é muito mais comum do que se pensa, basta pensar que o álcool e o tabaco são as drogas mais consumidas em nosso país, seja pelos jovens, seja pelos adultos. É importante ter maturidade para fazer esse trabalho, que não é fácil. É importante ter empatia com as pessoas que fazem uso de drogas.

No atendimento aos que dependem de drogas, em face de conflitos e tensões inerentes a esse cotidiano, o profissional pode sentir medo, sim. Mas esse medo se torna um instrumento que ajuda a analisar o conflito, os momentos de tensão, para poder enfrentá-los melhor, de forma ética e cuidadosa, consigo e com o outro. De fato, como alguém vai lidar com outro que pretende ajudar se tem medo dele? Há uma tendência a crer que quem usa drogas é gente perigosa. Na eventualidade de atitudes violentas do usuário em relação aos profissionais, recomenda-se reagir sempre de forma integrada, firme, não violenta, afinal ter medo é humano; desumano é reagir da mesma forma. A droga não torna ninguém perigoso, porque a intenção de fazer o mal não está na droga, mas na pessoa; assim, qualquer um pode se tornar perigoso, e não apenas quem usa droga.

Como você se sente vendo uma pessoa drogada na sua frente sem poder fazer algo para que ela se livre do vício?

Qualquer trabalho social implica certo grau de frustração. O profissional de saúde, de educação, não é um super-herói. A dependência de drogas tem a ver com a personalidade do sujeito, a droga que usa e o contexto sociocultural em que vive. As possibilidades de ação do profissional são muitas, mas em alguns momentos bate uma sensação de impotência, quando, por exemplo, a pessoa não aceita se tratar, mesmo correndo risco de vida ou colocando outros em risco. Há questões que podem ser resolvidas em nível individual, outras dependem da esfera pública, das políticas públicas, do Estado. Alguns profissionais vão aos locais de uso e deparam com pessoas que não querem ou não estão preparadas para deixar de usar drogas. Seu papel muitas vezes se limita a iniciar um processo de motivação, de cuidado dessa pessoa consigo mesma. Em alguns casos, um olhar ajuda mais que muitas palavras, mas nem sempre isso basta. É um trabalho de elo, de afetividade, e que leva tempo. A ajuda do profissional tem muito valor, mas quem (re)cria sua história é o próprio sujeito. O objetivo não é curar ninguém, mas ajudar o outro a ter um equilíbrio na relação com a droga.

Algumas pessoas acreditam que se curaram, outras se afligem por não conseguirem esse objetivo. Certamente, é muito doloroso para uma pessoa perceber que não está bem emocionalmente e que não consegue controlar seus impulsos, perceber que os outros tentam intervir em sua vida, mas não aceitam, não querem ou não conseguem abrir mão da droga.

Você, que trabalha com isso, já teve alguma experiência com drogas? Você já foi um drogado?

A possibilidade de ter experiência com drogas, lícitas e ilícitas, faz parte da vida. Alguns profissionais ainda consomem uma ou outra, de forma social, sem que isso afete sua vida. Nunca se sentiram dependentes, a droga apenas fez e faz parte de sua história de vida ou de determinado momento. Outros já estiveram numa situação de dependência no passado e hoje trabalham em centros de tratamento. Alguns são dependentes de tabaco há anos, outros já foram, mas deixaram. Outros, como a maioria das pessoas, bebem socialmente sem maiores problemas, eventualmente fumam e/ou usam medicamentos. Outros ainda apostam mais no que chamam de a mais poderosa das drogas: a imaginação. Não há nada mais delirante.

126

Uma pessoa que trabalha com dependentes de drogas pode fumar?

Alguns profissionais de saúde fumam ou já fumaram, e isso não é um problema. Cobra-se muito, eles precisam dar exemplo, mas todos nós somos humanos, temos nossas fontes de prazer. Sem dúvida, o tabaco traz dependência também. Mas a ideia de que existe alguém totalmente abstinente é ilusória. Hoje em dia, fumar em locais fechados e coletivos é proibido por lei, portanto nos centros de atendimento quem é fumante não fuma.

Como se sentem as pessoas que trabalham com dependentes de drogas? Você se sente bem cuidando de drogados? Como eles reagem?

Aprendemos muito sobre a vida e sobre os outros. Alguns gostam do que fazem e, mesmo tendo momentos difíceis, sentem que prevalece o desafio de cuidar de pessoas tão hostilizadas, em meio a tanta repressão. Percebemos que são seres humanos como quaisquer outros, têm sentimentos de angústia. Nós nos entusiasmamos quando vemos o resultado de nosso trabalho, ainda que pequeno ou momentâneo, a ajuda que conseguimos dar ao outro na (re)organização de seus espaços de vida. Atuamos em equipe, conversamos sobre as situações vividas no cotidiano da instituição, criamos um apoio mútuo na atividade que realizamos. Somos tocados por vários sentimentos, mas aprendemos a lidar com as dificuldades coletivamente. Isso resulta num sentimento de renovação para o profissional. Às vezes estamos bem; em outros momentos, menos. Mas há profissionais que se envolvem com as pessoas que estão em tratamento, e isso perturba muito o prognóstico de quem é mais frágil.

As pessoas que procuram tratamento, quando acolhidas, podem ser bacanas, respeitadoras. Apreciam ser ouvidas. Às vezes, como em qualquer outra relação humana, há tropeços e dificuldades. Sinto que é uma relação que traz energia, seja na atuação institucional, seja na cena de uso, na rua, na comunidade, com ações de redução de danos que propiciam conversar e conhecer a vida dessas pessoas, sugerindo ações de cuidado e melhoria na qualidade de vida.

Como nos sentimos ao livrarmos uma pessoa do mundo das drogas?

Não se trata exatamente de "livrar" alguém do mundo das drogas. As drogas existem desde que o mundo é mundo, e não vão desaparecer. O profissional de saúde sente-se fortalecido em sua atuação quando alguém está melhor, volta a estabelecer laços com o mundo, diversifica suas fontes de prazer. Nós nos sentimos gratificados ao perceber que fomos um facilitador, um suporte no processo de (re)construção do outro. É bonito ver alguém que você acompanhou se dedicando a outras coisas, voltando a estudar ou trabalhar etc. Ficamos felizes.

Nos centros de atendimento, como as pessoas se sentem quando estão ao lado de um drogado, tendo a responsabilidade de tentar curá-lo? E como eles se sentem? Quantos drogados já foram ajudados por você?

Os profissionais, no ambiente de trabalho, fazem parceria com os colegas com quem se identificam; criam-se laços, formas de lidar com um cotidiano institucional que é pesado. Há muito preconceito, há medos e dúvidas, por isso é preciso que a equipe esteja sempre em diálogo. Na relação com as pessoas em tratamento, os profissionais procuram ser firmes e solidários.

Temos a responsabilidade de escutar, de estar junto das pessoas que sofrem em decorrência da dependência de drogas, buscando ajudá-las no processo de construção de sua autonomia diante da substância. A noção de cura é relativa. Há pessoas que conseguem construir uma relação de equilíbrio com a droga e, assim, o uso deixa de ser um problema; outras passam a usar outra substância que lhes traz menos problema; outras ainda sentem a necessidade de total abstinência.

Cada instituição, cada centro de atendimento tem suas estatísticas de atendimento. Ajudar o outro não significa obrigatoriamente fazer a pessoa parar de usar drogas, ficar abstinente, mas ajudá-la a atingir um estado de maior conhecimento de si e a obter mais instrumentos para lidar com a vida.

Que idade devemos ter para poder trabalhar com dependentes de drogas?

Há pessoas ainda jovens, mas com uma experiência de vida forte o suficiente para enfrentar profissões particularmente exigentes. Maturidade é fundamental. Não podemos minimizar as dificuldades, os conflitos que caracterizam o exercício profissional nessa área. Ajudar as pessoas em situação de dependência de drogas numa sociedade que as ameaça, persegue, estigmatiza, penaliza, algumas delas mesmo sendo muitos jovens, isso pode deixar o próprio profissional, se também for muito jovem, em situação de fragilidade. Tal como aquele que é atendido, o profissional pode ser ameaçado, perseguido, estigmatizado ou mesmo penalizado, situação vivida pelos que vão à cena de uso; é difícil suportar. Quem trabalha nos centros de tratamento de dependência de drogas aprende a compartilhar suas angústias com seus supervisores e equipe de trabalho. Também é importante buscar sempre estar envolvido em processos constantes de formação, para ter segurança de seu conhecimento. Alguns dizem que temos de ter a idade e a percepção dos séculos, e a vitalidade e a esperança de uma criança. Fora isso, é desejável ser maior de idade.

E isso tem jeito?

As políticas públicas de drogas precisam olhar mais para a realidade cotidiana das pessoas que usam drogas. Precisam levar em conta os reais problemas que a população brasileira enfrenta ao fazer uso de drogas. Até o momento, ainda predomina o modelo antidrogas centrado nas que são proibidas por lei, com o objetivo de abstinência como norma. O método para levar a cabo essa política tem sido a repressão a quem produz, comercializa e consome. No que se refere às drogas como álcool, tabaco e medicamentos psicoativos, drogas de maior consumo no Brasil, as ações são menos significativas.

Os adolescentes surpreendem e percebem a urgência de algumas questões — por onde começar, como aprender a se cuidar, como não *entrar nessa dança* que hoje se tornou um problema tão sério. Percebem o quanto é preciso entender e discutir as políticas de drogas. Alguns ainda acreditam que a repressão é a solução, outros imaginam outras formas de pensar, outras práticas. Neste capítulo, trata-se de pensar os muitos *jeitos*, porque as relações que podemos vir a ter com as drogas nos falam de diversidade, de experiências múltiplas que, portanto, não podem ser abordadas de maneira universal, válida para todos. Respondendo às perguntas incluídas neste capítulo, a busca será de *jeitos* que respeitem as particularidades de cada experiência.

Quando começa a prevenção? Com qual droga devemos nos preocupar mais? Quais os cuidados que devo ter para não *entrar na dança*?

Diz o ditado popular que é melhor prevenir do que remediar, e prevenir significa *evitar que alguma coisa aconteça*. No entanto, o uso de drogas tem raízes na história da humanidade, o que dificulta pensar a possibilidade de sua erradicação. Portanto, o *quando* se liga ao *como*, daí a urgência de uma educação sobre drogas — quem aprende a refletir saberá agir e interagir com discernimento.

Já dissemos aqui que prevenir significa impedir que algo aconteça. A prevenção às drogas tendo como objetivo erradicar o consumo de algum modo subestima a liberdade humana, base de sua dignidade: como diante da droga ninguém *pode* ser livre, a única forma de *garantir* a saúde física e moral das pessoas é entendida como a supressão da ocasião de uso (Savater, 2000). A prevenção ignora a possibilidade de *domínio de si*, porque considera que estamos condicionados pela irresistibilidade do mal, ainda que, depois de tanto tempo insistindo nessa política, não tenha conseguido realizar o objetivo de um *mundo sem drogas*.

A educação para a autonomia, contudo, poderá criar formas de convivência com as drogas, experiência entre tantas que a vida nos apresenta, buscando reduzir danos. Da primeira experiência passando pelo uso habitual, e mesmo na dependência, a educação tem como objetivo a autonomia do sujeito; tem como objetivo superar o medo e contribuir para que cada um saiba refletir e decidir/agir de forma consciente, se vai usar e como fazê-lo. As drogas, assim, entram na discussão entre educadores, jovens, pais e comunidade. Constrói-se, dessa forma, um projeto de educação que tem por objetivo a construção coletiva dessa experiência, uma nova história, elaborada de forma solidária. Esclarecidos, os jovens estarão mais aptos a se proteger.

Qual droga deve preocupar mais os jovens? Segundo os resultados indicados pelas pesquisas brasileiras, são as mais consumidas, permitidas por lei — álcool, tabaco, tranquilizantes, solventes. As substâncias psicoativas ilícitas têm índice de consumo muito menor.

Em termos de primeira experiência, por ordem de importância de consumo, são citados por essas pesquisas álcool, tabaco, maconha, solventes, remédios para abrir o apetite, para dormir, cocaína, xaropes à base de codeína e estimulantes. Quanto à dependência, os índices são ainda mais reduzidos — não somos um país de dependentes de drogas, esse não parece ser nosso problema maior. Entre as substâncias que mais frequentemente levam à dependência estão o álcool, o tabaco, os remédios para dormir, a maconha, os solventes e os estimulantes.

Os jovens podem ser ajudados com diálogo. A decisão de uso é pessoal, dá-se no espaço privado, é decisão intransferível. Daí a importância em fortalecer sua capacidade de decisão protetora de si e de seu entorno. Mesmo considerando que o contexto atual favorece, em muito, que a droga chegue às mãos dos jovens, mais vale informar, formar para que não façam opções perigosas.

Precisamos trazer à tona a discussão sobre as drogas de *uso involuntário*. Seu uso decorre do contato com substâncias psicoativas e tóxicas no local de trabalho, quando se mora perto das fábricas que as usam, ou ainda quando se ingerem alimentos contaminados. A solução do problema depende da mobilização social e da ação do governo. O uso de agrotóxicos ou do mercúrio metálico provoca danos inequívocos à saúde, individuais e coletivos. Nesse caso, é prevenção mesmo, no sentido próprio do termo, evitar esse uso, aplicando-se o chamado *princípio de precaução* — se não conseguimos avaliar os riscos de um produto, melhor evitar seu uso até que o conhecimento avance e se possam esclarecer plenamente os riscos.

A superação do uso problemático de drogas vem com a educação, que aprofunda a consciência crítica sobre as drogas e a responsabilidade de cada um diante de si e do outro. A superação dos danos causados pelo *uso involuntário*, quando os riscos são coletivos, se dará também pela educação, aprofundando a consciência de cada um como parte da sociedade mais ampla, criando formas de pressão no sentido de uma intervenção do Estado na vida pública, pela afirmação dos direitos coletivos.

A educação sobre drogas baseada na autonomia propõe pensar, junto e coletivamente, políticas públicas articuladas, de modo a promover a organização da esfera pública, esclarecendo-se a cartografia dos problemas vividos pelos diferentes grupos sociais, abrindo possibilidades reais de intervenção nas condições da vida comum, de forma solidária. Em vez de *entrar na dança*, desavisado, cada um pode *aprender a dançar*.

Como é comercializada a droga? Como se adquirem drogas nas classes médias e alta da sociedade?

O comércio ilícito de drogas, por sua própria condição clandestina, à margem da lei, se organiza espacialmente de forma itinerante. Seus produtos não passam por controle de qualidade, podem ser adulterados, e o preço varia em função da procura e da demanda. Já dissemos aqui que nesse caso não existe um espaço legal de negociação — o *acerto de contas* sempre está sujeito à violência, em geral armada. O comércio ilícito de drogas de alguma forma se inspira nas relações formais de trabalho, quando recorre ao trabalho infantil, aproveitando-se da miséria e da ingenuidade das crianças e também de seu desejo de se inserir em *algum* mundo, ainda que de forma negativa, sinistra; explora as mulheres, pagando menos e lhes dando tarefas mais arriscadas, como no transporte das drogas. Não assina carteira nem garante a aposentadoria.

O comércio ilícito leva em conta o poder aquisitivo de diferentes consumidores e, nesse sentido, vende por preço inferior drogas de produção mais simples ou mesmo misturadas a outros produtos, e vende mais caro as que têm produção mais elaborada e melhor qualidade. O crack, por exemplo, cocaína ainda sem refinamento, não purificada, surgiu de início nos Estados Unidos como *droga de população pobre*, ainda que hoje seja consumida por todos os segmentos sociais. Os preços das drogas variam não só de acordo com sua qualidade, mas com sua disponibilidade no mercado. De maneira geral, a menor quantidade do produto no mercado contribui para o aumento de seu preço. A campanha de prevenção do uso do tabaco pode gerar, como reação empresarial, preço menor no mercado como forma de a indústria atrair consumidores. Como a droga se tornou uma mercadoria como outra qualquer, os preços variam de acordo com a conjuntura do mercado.

Curiosa é a pergunta formulada sobre o custo de uma droga *normal* em oposição ao preço do cigarro no varejo. A droga *normal* sugere a de uso ilícito. No mercado, poderes aquisitivos diferentes geram oferta de mercadorias com preços também diferentes; necessidades diferentes geram usos diferentes. Drogas podem ser adquiridas no meio da rua, numa esquina ou entregues em domicílio. Se o poder aquisitivo é mais alto, as condições de proteção do ato de compra e venda ficam mais garantidas. O poder aquisitivo sendo mais baixo leva o consumo a locais perigosos, em termos tanto de segurança quanto de perigo para a saúde. No preço de um maço de cigarros incluem-se os custos de sua produção, comercialização e propaganda. No que se refere às drogas ilícitas, em seu preço vão ser incluídos os custos dessa produção e comércio precários. As drogas ilícitas não têm custos de propaganda, que é feita *boca a boca*, gratuitamente. Aos custos regulares do empreendimento somam-se os custos dos armamentos, que acompanham a produção, e do comércio, que garantem esse mercado ilegal, os custos da conivência, do silêncio e da proteção.

No que se refere à comercialização de substâncias tóxicas comercializadas legalmente, existem as que são desviadas de seus usos previstos, caso dos solventes, que poderiam ter venda regulamentada e fiscalizada de forma mais estrita. Substâncias associadas às drogas, caso da amônia, querosene, entre outras, também poderiam ter sua venda fiscalizada.

Os vendedores de drogas nos obrigam a comprar e usar? Quem vende usa droga? Qual a droga mais usada pelos traficantes?

Nenhum vendedor de qualquer mercadoria obriga ninguém a comprá-la e/ou usá-la, até porque isso não é necessário. O uso de drogas faz parte da experiência humana. Além do desejo, da curiosidade das pessoas por essa experiência, seu uso também é estimulado pela propaganda, como é o caso das bebidas alcoólicas.

Quem vende drogas ilícitas pode ou não usá-las. Depende de cada um. Não existe tampouco um tipo único de "traficante". Cada pessoa que vende drogas é diferente da outra, tem características e comportamentos próprios, como acontece com todas as pessoas. Assim, algumas podem usar e vender o mesmo tipo de droga; outras podem não usar nenhuma droga e vender; outras ainda podem vender um tipo de droga e usar outro tipo. No caso das drogas permitidas por lei, nem sempre quem vende bebidas alcoólicas as consome, assim como quem trabalha numa farmácia vende remédios psicoativos sem necessariamente fazer uso deles.

Onde ficam as plantações de maconha?

Mais do que *onde*, importa dizer *por que* e *por quem, para quem* se destina a maior plantação de maconha brasileira. Segundo alguns estudos (Motta Ribeiro, 2008), a maior produção de maconha que abastecia o Brasil foi eliminada da região baiana do rio São Francisco pela ação da Polícia Federal. Nessa região, onde o Estado em geral está ausente, não há políticas públicas articuladas de educação, saúde, habitação, emprego, agricultura e tantas outras — trabalhadores assalariados rurais jovens, sem outra opção de emprego, têm duas opções constrangedoras: colaborar com a polícia ou optar pelo comércio ilícito de maconha. Nos dois casos, tornam-se alvos ora de um, ora de outro grupo. É o que podemos chamar de opção infernal, já que as duas possibilidades potencializam sua já existente marginalização, ora como *informantes*, ora como *traficantes*.

Como as universidades reagem quando estudantes, professores, funcionários usam drogas? Os professores, os colegas ajudam?

As universidades produzem conhecimento sobre as drogas nos mais variados campos — substâncias, perfil dos usuários e seus comportamentos, diferentes contextos de saúde, educação, cultura, no campo jurídico e de segurança pública, entre muitos outros. Pesquisadores, com diferentes pontos de vista, ora reafirmam aspectos conservadores que sustentam a manutenção da *guerra às drogas*, ora identificam dados que sugerem formas democráticas de lidar com o que se tornou um *problema.*

Articuladas à produção do conhecimento sobre drogas, as universidades organizam cursos de graduação, de extensão e de especialização nessa área. São cursos voltados para os estudantes e também para a comunidade em geral. Algumas universidades criaram centros de atendimento a pessoas dependentes de drogas e mantêm atividades de pesquisa e formação (Cetad em Salvador, Nepad no Rio de Janeiro, Projad em São Paulo, entre outros).

O avanço do conhecimento e o das práticas sociais não têm o mesmo ritmo. As práticas sociais demoram mais a evoluir, seja pela força da política dominante antidrogas, seja em razão dos enfoques teóricos conservadores, dentro da própria universidade.

A reação da universidade no que se refere às drogas é, por vezes, ambígua. Estudantes flagrados fazendo uso de maconha dentro da universidade muitas vezes são ameaçados de *perder suas bolsas de estudo*, ou ficam *marcados*. Ao mesmo tempo, o debate sobre drogas pode ser autorizado numa sala de aula, mas dificilmente poderá se desdobrar numa manifestação pública dentro do *campus*. Debate teórico sim, manifestação pública nem sempre.

Há, portanto, uma distância entre o conhecimento elaborado e o dia a dia institucional. Não só em relação às drogas, mas também em relação a outros temas tabus, como o sexo — debater teoricamente sobre liberdade de opção sexual é possível nas universidades, mas estudantes do mesmo sexo se beijando no *campus* podem ser objeto de intervenção institucional ou mesmo de alguma sanção.

O que dizer sobre ex-drogados que, com sua luta e o apoio dos amigos e familiares, conseguiram sair do ramo das drogas? E sobre ouvir desses amigos como agiram para ajudar esse amigo?

O depoimento de ex-dependentes de drogas nas escolas como forma de prevenção já foi mais comum. Em geral, relatavam como passaram do uso à dependência e os problemas graves que viveram. Falavam de sua *regeneração*, de como ficaram *limpos*, ou seja, abstinentes, empregados, felizes. O relato muita vezes não era bem entendido por quem não passara tamanho pesadelo, havendo também dificuldade em associar a imagem atual ao quadro de tragédia anteriormente vivida. Esse descompasso dificultava a identificação entre os autores dos relatos e o público jovem que eventualmente já tinha feito uso de alguma droga, mas mantinha suas atividades; os que já tinham vivido situações graves de dependência não estavam mais ali para ouvir o depoimento.

Quanto às experiências de uso controlado e sem problemas, não vêm à tona nas escolas, embora sejam reais. Tendem a ser abafadas, porque poderiam ser confundidas com *apologia às drogas, estímulo à curiosidade*; daí fica um *não dito*. No Brasil, algumas pesquisas registram experiências de uso controlado, sem riscos, entre camadas médias urbanas (Macrae e Simões, 2000).

Em oficina realizada com jovens de uma escola durante a elaboração deste livro, um dos participantes assim descreveu seu mundo:

É uma selva cheia de animais ameaçadores que os jovens enfrentam no dia a dia — a droga ocupa um espaço muito grande, mas não é o único animal que existe. A fome (animal feroz e antigo relacionado com o êxodo rural); a competição (temos que ser 100%, porque, se formos 80% ou 90%, nunca vamos chegar a lugar nenhum); o desemprego (para cada mil pessoas tem uma vaga, e quando desempregados alguns são levados ao encontro das drogas); a violência (caminho do desespero); a desigualdade social (sempre cercando os jovens); e outros animais secundários, mas igualmente importantes: a gravidez na adolescência, a discriminação e o abandono familiar. Se analisarmos seriamente nosso mundo, vamos ver que esses animais se relacionam. Um desencadeia o outro, o outro desencadeia o um. Esses animais vão existir sempre, mas podem diminuir de tamanho; e cabe a nós trabalhar para que sua força diminua.

Recentemente, ex-usuários de drogas ilícitas têm falado de suas experiências, que são divulgadas e inspiram filmes (Lima, 2008). Alguns profissionais que usaram drogas ilícitas dão depoimentos — jornalista brasileira nos Estados Unidos que pode se beneficiar do uso terapêutico da maconha, legalizado no estado em que estava de viagem, para sanar suas enxaquecas crônicas. Algumas pessoas com projeção pública assumem já terem feito uso de alguma droga ilícita. São falas expressivas de um novo clima de discussão sobre as drogas.

A droga já é um problema solucionado?

Nem sempre o uso de drogas foi um *problema*. Antes do século XX, todas as drogas que conhecemos hoje circulavam livremente. A literatura sobre drogas registra o uso de pílulas de cocaína prescritas para curar a dor de dente das crianças, o uso de heroína prescrita para curar a tosse. Em algumas regiões da Europa, onde se bebia mais vinho, a prevalência da tuberculose era menor; a literatura também registra esse fato. Os abusos sempre existiram, mas eram tratados na própria comunidade — nos casos extremos, por farmacêuticos e médicos, sem grande alarde.

A partir do século XX, o uso de algumas drogas passou a ser visto como *uma invenção do mal, promovida por traficantes inescrupulosos que querem destruir a juventude, a saúde física e moral da humanidade* (Savater, 2000). Essa ideia deu origem a uma política proibicionista essencialmente repressiva, de vigilância e controle, com o objetivo de alcançar a abstinência e um *mundo sem drogas*, que, de fato, nunca existiu. Exercida necessariamente com violência, de forma seletiva, tende a poupar pessoas mais bem-situadas na escala social — classe média e alta — e marginaliza mais ainda os que já estavam à margem das políticas públicas. O discurso punitivo criou *um enorme problema*.

Com a legislação sobre drogas, aprovada no Brasil em 2006, o que era para ser solucionado se complicou. De início, o texto legal afirma a possibilidade de um olhar democrático sobre o tema. As chamadas penas alternativas (prestação de serviços à comunidade) para quem faz uso de drogas ilícitas não chegam a ser uma novidade — leis anteriores relacionadas com crimes de pequeno potencial ofensivo, com previsão de pena inferior a dois anos, já beneficiavam alguns usuários, mas nem todos. A nova lei de fato não mudou o destino dos usuários pobres, moradores de periferia — em geral, mesmo quando flagrados com pouca quantidade de droga, desarmados e sozinhos, são presos como *traficantes*. Depois de três a seis meses na prisão, são conduzidos a julgamento e, na dependência de entendimento do juiz, são soltos, mas levam consigo todos os prejuízos decorrentes da prisão — perda do emprego, abandono da família. Pesquisa recente (Boiteaux de Figueiredo, 2006) confirma esse cotidiano de penalizações indevidas, mas o *problema jurídico* continua.

Há cerca de dois anos, usuários de crack têm sido objeto de campanhas na mídia que difundem o pânico social e servem de justificativa para garantir apoio a medidas de higienização e repressão, contrárias aos princípios constitucionais e de direitos humanos. A mídia divulga fotos sensacionalistas das cracolândias, o crack é apresentado como a droga mais consumida no país, num quadro de suposta epidemia, estimulando a discriminação, afinal quem usa pode contaminar a todos, e colocando o que é uma questão social como se fosse exclusivamente doença. Como sempre, na política de drogas, tomam-se as consequências como se fossem causas. O crack não é uma droga distinta da cocaína, mas evidencia a miséria humana para muitos que prefeririam mantê-la na invisibilidade (Antunes, 2013:17-21). Temos um problema com o crack, que se tornou uma compensação sinistra diante da falta de projeto de futuro. E, de toda forma, álcool e tabaco ainda continuam sendo as drogas de maior consumo. Por que não construir uma política de drogas que leve em conta a realidade brasileira de consumo?

Tornado um problema, o uso de drogas requer solução. O reconhecimento do fracasso da estratégia de "guerra às drogas" em reunião da ONU, em Viena em 2009, não foi suficiente para resultar em mudança da política antidrogas, essencialmente repressiva. A partir de então, criou-se uma comissão latino-americana formada por ex-presidentes que passaram a discutir políticas de descriminalização, parlamentares se manifestaram publicamente a favor de políticas públicas solidárias, produziram-se documentários sobre experiências não repressivas de gestão das drogas em vários países, a Marcha da Maconha sendo uma manifestação pública de apoio à descriminalização e legalização da maconha. As notícias sobre drogas, até então restritas às páginas policiais e de saúde, hoje fazem parte de um debate político mais amplo. A ampliação do debate favorece os programas de redução de danos e abre a discussão sobre a descriminalização, sobre a legalização das drogas, com regulamentação e controle do Estado.

Há apenas cem anos, algumas drogas foram tornadas ilícitas. Mas cem anos, em termos históricos, é muito pouco tempo. No século XX, criou-se, com o proibicionismo, um *problema* com graves repercussões políticas, jurídicas e educacionais, na contramão do interesse público. Mas, se todas as culturas conhecem, usam e procuram drogas, por que não tentar construir um projeto de convivência com elas? É a educação, a inquietude e o projeto de vida e de futuro de cada indivíduo que podem ajudar a decidir qual droga usar e como fazê-lo. Nesse projeto, caberá ao Estado não mais vigiar e punir, mas informar de forma mais completa e científica sobre cada uma das substâncias, controlar sua elaboração e sua qualidade e ajudar os que desejam ou se virem prejudicados por essa liberdade social.

O que fazer? Como ajudar?

A adolescência é um tempo de passagem para a vida adulta, tempo de primeiras experiências, primeiras descobertas, tempo de encontros — um (re)nascimento com plenos poderes. Muitas vezes, as primeiras experiências são marcadas por excessos, afinal se trata da primeira vez. Bem-informados, os adolescentes poderão vivê-las com menos riscos.

Não existe receita mágica para lidar com as drogas. Como nunca existiu uma sociedade sem drogas; portanto, será preciso aprender a conviver com elas. Usos perigosos são mais frequentes entre os adultos do que entre os jovens, mas os usos problemáticos começam antes dos 20 anos. Muitas experiências de uso não se tornam definitivas, por isso não se devem dramatizá-las. Mas é preciso ficar atento, perceber o pedido de ajuda do outro, não ter medo de pedir ajuda se você mesmo precisar; afinal, pedir socorro não é sinônimo de fraqueza.

Fazer de conta que não está acontecendo nada não resolve; muito pelo contrário, os problemas vão se acumulando. Quando há uso de drogas, é importante saber: qual(is) é(são) a(s) droga(s) consumida(s)? Qual a quantidade e frequência do uso? Qual o contexto do consumo — quando está sozinho ou em grupo? Há consequências nocivas, danos?

Sem dúvida, um copo de cerveja não torna ninguém um alcoólatra nem um baseado faz de alguém um dependente. A ideia de que quem usa uma droga usará todas, e cada vez mais fortes, não pode ser generalizada. Uso e dependência são situações diferentes. O primeiro faz parte da experiência humana. A segunda resulta de um conjunto de comportamentos de risco, expressa dificuldades passageiras ou mais profundas, devendo ser compreendida caso a caso.

Algumas recomendações são importantes: adiar um pouco a experiência com tabaco e álcool ajuda a diminuir o risco de comportamentos de risco futuros, porque, dessa forma, com mais discernimento, os jovens terão chances de melhor se proteger. Pais e professores não devem ter medo de exercer sua autoridade e devem orientar os jovens sobre situações perigosas e proibidas. Cabe aos adultos estabelecer os limites *absolutamente indispensáveis* ao viver em coletividade, mas tendo o cuidado de evitar exageros no entendimento de que é lícito confiar nos jovens (Reich e Schmidt, 1973). Pais e professores podem, desde que conscientes do que se tornou, hoje, o problema das drogas, ajudar os adolescentes a entrar na vida adulta com segurança. Ignorar ou fugir dos conflitos é perigoso.

Este livro teve como método o diálogo. Por ocasião de nossos encontros com adolescentes e jovens, as perguntas enviadas por escrito, anonimamente, em momento algum são ingênuas, mas de maneira geral expressam rara sabedoria e mantêm a atualidade — o que é sinal e sintoma do muito que é preciso fazer em matéria de educação sobre drogas.

Acreditamos na importância de escutar a demanda dos adolescentes. Respondemos com base em nossa experiência, na literatura especializada na área e no imprescindível respeito aos direitos humanos. Procuramos, assim, ajudá-los a compreender o que há de tão extraordinário no uso de drogas e, ao mesmo tempo, dizer que essa experiência, hoje, por vezes tão perigosa, já foi diferente e poderá ser diferente, já que faz parte da experiência humana.

Até que ponto essas questões dizem respeito apenas aos adolescentes? Pais e professores muitas vezes se sentem inseguros, fazem-se muitas perguntas e nem sempre têm todas as respostas. Daí a importância de se interrogar, dialogar com confiança sobre qualquer tipo de uso de drogas.

Mas é preciso ir além do que foi perguntado e respondido aqui. Afinal, são muitas as questões sobre drogas, nem sempre formuladas, que tantas vezes permanecem caladas. Esperamos que, com a leitura deste livro, muitas outras questões sobre drogas venham à tona, e que o debate se amplie cada vez mais.

Referências

ABRAMOVAY, M.; CASTRO, M. G. *Drogas nas escolas*: versão resumida. Brasília: Unesco/Rede Pitágoras, 2005.

ACSELRAD, G. (Org.). *Avessos do prazer*: drogas, Aids e direitos humanos. 2. ed. Rio de Janeiro: Fiocruz, 2005.

ALARCON, S.; SOARES JORGE, M. A. (Org.). *Álcool e outras drogas*: diálogos sobre um mal-estar contemporâneo. Rio de Janeiro: Fiocruz, 2012.

ALEXANDER, M. *The New Jim Crow*: mass incarceration in the age of colorblindness. Nova York: The New Press, 2010.

ANTUNES, A. Crack, desinformação e sensacionalismo. *Revista Poli*: saúde, educação e trabalho, ano V, n. 27, p. 17-21, mar./abr. 2013.

BASTOS, F. I.; BERTONI, L. *Estudo sobre o perfil da população usuária de crack e outras formas similares de cocaína fumada (pasta base, merla e "óxi") em 26 capitais e municípios do Brasil*. Livreto epidemiológico sobre o consumo de crack, perfil dos usuários, e livreto sobre pesquisa domiciliar. Rio de Janeiro: Fiocruz/Senad, 2013. Disponível em: <www.fiocruz.br>.

BECKER, H. S. *Outsiders, estudos de sociologia do desvio*. Rio de Janeiro: Zahar, 2008.

BOITEAUX DE FIGUEIREDO, L. *Controle penal sobre as drogas ilícitas*: o impacto do proibicionismo no sistema penal e na sociedade. Tese (doutorado) — USP, São Paulo, 2006.

BOTHOREL, J. *Carta a meu filho drogado*. Lisboa: Inquérito, 1986.

BRASIL. Ministério da Saúde. Vigitel Brasil. *Vigilância de fatores de risco para doenças crônicas por inquérito telefônico*. Rio de Janeiro, 2012.

BROCCA, H. *Balconeando las drogas*. México: Cidcli, 2010.

CARNEIRO, H. Transformações do significado da palavra "droga": das especiarias coloniais ao proibicionismo contemporâneo. In: VENANCIO, R. P.; CARNEIRO, H. (Org.). *Álcool e drogas na história do Brasil*. São Paulo: Alameda, 2005.

CASTORIADIS, C. Psychanalyse et politique. *Revue Lettres Internationales*, Paris, n. 21, p. 54-57, 1989.

CEBRID. *II levantamento domiciliar sobre uso de drogas psicotrópicas no Brasil*. São Paulo, 2005.

____. *II levantamento domiciliar sobre o uso de drogas psicotrópicas no Brasil*: estudo envolvendo as 108 maiores cidades do país. São Paulo, 2006.

____. *VI levantamento nacional sobre o consumo de drogas psicotrópicas entre estudantes do ensino fundamental e médio das redes pública e privada de ensino nas 27 capitais brasileiras*. Brasília, 2010.

DALY, H. E.; COBB JR., J. B. *Para el bien común, reorientando la economía hacia la comunidad, el ambiente y un futuro sostenible*. México: Fondo de Cultura Económica/Economía Contemporánea, 1993.

DUAILIBI, L. B.; RIBEIRO, M.; LARANJEIRA, R. Profile of cocaine and crack users in Brazil. *Cad. Saúde Pública*, v. 24, sup. 4, p. S545-S557, 2008.

DUGARIN, J.; NOMINÉ, P. Toxicomanie: historique et classifications. *Histoire, Economie et Société*, Paris, n. 4, p. 549-586, 1988.

ESCOHOTADO, A. *Las drogas de los orígenes a la prohibición*. Madri: Alianza, 1994.

FACULDADE DE MEDICINA DA USP. *I levantamento nacional sobre o uso de álcool, tabaco e outras drogas entre universitários das 27 capitais brasileiras*. 2010.

FIDELIS DIAS, L. Usos e abusos de bebidas alcoólicas segundo os povos indígenas do Uaçá. In: LABATE, B. et al. *Drogas e cultura*: novas perspectivas. Salvador: UFBA, 2008. p. 199-217.

FREUD, S. *O mal-estar na civilização*. Rio de Janeiro: Imago, 1969. Edição *Standard* Brasileira das Obras Psicológicas Completas de Sigmund Freud, v. XXI.

GALDURÓZ, J. C. F.; NOTO, A. R.; FONSECA, A. M.; CARLINI, E. A. *V levantamento nacional sobre o consumo de drogas psicotrópicas entre estudantes do ensino fundamental e médio da rede pública de ensino nas 27 capitais brasileiras — 2004*. São Paulo: Cebrid, 2005.

GASPAR, M. D. *Sambaqui, a arqueologia do litoral brasileiro*. Rio de Janeiro: Zahar, 2000.

HEMORIO. *Revista, edição comemorativa*. Rio de Janeiro, dez. 2010.

HENMAN A.; PESSOA JR. O. *Diamba Sarabamba* (coletânea de textos brasileiros sobre a maconha). São Paulo: Ground, 1986.

IBGE. *Notícias do Censo 2010*. Disponível em: <http://www.censo2010.ibge. gov.br/>. Acesso em: 1º ago. 2011.

INSTITUTO INDIGENISTA INTERAMERICANO (UNFDAC). *La coca... Tradición, rito, identidad*. México, 1989.

KARAM, M. L. Legislação brasileira sobre drogas: história recente — a criminalização da diferença. In: ACSELRAD, G. (Org.). *Avessos do prazer*: drogas, Aids e direitos humanos. Rio de Janeiro: Fiocruz, 2005.

KOUTOUZIS, M.; PEREZ, P. *Atlas mondial des drogues*. Paris: PUF, 1997.

LABATE et al. (Org.). *Drogas e cultura*: novas perspectivas. Salvador: UFBA, 2008.

LAZARUS, A. Y a-t-il une prévention primaire de la toxicomanie? In: *Toxicomanies, Sida et droits de l'homme*. Paris: Unesco/SOS Drogue Internacional/DGLDT, 1995. p. 141-144.

LE BRETON, D. *Conduites à risque*. Paris: Quadrige/PUF, 2002.

LIMA, M. *Meu nome não é Johnny*. Produzido por Mariza Leão, patrocinado por Petrobras, BNDES, BBDTVM. 2008. Disponível em: <www.meunomenaoejohnhy.com.br>.

LIMA, R. de C. C. *Uma história das drogas e do seu proibicionismo transnacional*: relações Brasil-Estados Unidos e os organismos internacionais. Tese (doutorado) — Programa de Pós-graduação da Escola de Serviço Social da UFRJ, Rio de Janeiro, 2009. Disponível em: <www.ess.ufrj.br>. Acesso em: 16 maio 2011.

MACRAE, E. J. B. N.; SIMÕES, J. A. *Rodas de fumo*: o uso da maconha entre camadas médias urbanas. Salvador: UFBA, 2000.

MILDT; CFES. *Drogues, savoir plus pour risquer moins*. França, 2000.

MONTEIRO, S.; REBELLO, S. *O jogo da onda*: entre na onda da saúde. Rio de Janeiro: Leas/IOC/Departamento de Biologia/Fiocruz/Consultor, 2000.

MORGADO, A. *Dependência de drogas*: descrição de uma pesquisa empírica e revisão de alguns aspectos para sua prevenção. Tese (doutorado) — Faculdade de Medicina, USP, São Paulo, 1983.

MOTTA RIBEIRO, A. M. *Polo Sindical do Submédio São Francisco*: das lutas pró-reassentamento à incorporação do cultivo da maconha na agenda. Programa de Pós-graduação de Ciências Sociais em Desenvolvimento, Agricultura e Sociedade, Rio de Janeiro, 2008.

NIEL, M.; SILVEIRA, D. X. *Drogas e redução de danos*: uma cartilha para profissionais de saúde. Brasília: Proad/Unifesp/Ministério da Saúde, 2008.

OLIEVENSTEIN, C. *A droga*. São Paulo: Brasiliense, 1984.

ORGANIZAÇÃO MUNDIAL DA SAÚDE (OMS). Comitê de Especialistas em Farmacodependência. *Informes Técnicos da Organização Mundial da Saúde*, Genebra, n. 551, p. 8, 1974.

_____. *Neurociência de consumo e dependência a substâncias psicoativas*: resumo. Genebra, 2004.

PACHECO-FERREIRA, H. Perigo silencioso: trabalhadores intoxicados por mercúrio em uma indústria de cloro/soda. In: ACSELRAD, G. (Org.). *Avessos do prazer*: drogas, Aids e direitos humanos. 2. ed. Rio de Janeiro: Fiocruz, 2005.

REICH, W.; SCHMIDT, V. *Psicoanálisis y educación*. Dir. García, R. Anagrama, 1973. p. 73- 93. Série Psicologia.

RESENDE, B. (Org.). *Cocaína, literatura e outros companheiros de ilusão*. Rio de Janeiro: Casa da Palavra, 2007.

RODRIGUES, T. *Política e drogas nas Américas*. São Paulo: Educ/Fapesp, 2004.

SAVATER, F. *Ética como amor próprio*. São Paulo: Martins Fontes, 2000.

UNODC. *Declaração política e plano de ação sobre a cooperação internacional com vistas à estratégia integrada de luta contra o problema mundial das drogas*. Viena, 11-12 mar. 2009.

VELHO, G. Duas categorias de acusação na cultura brasileira contemporânea. In: *Individualismo e cultura*. Rio de Janeiro: Zahar, 1981. p. 55-64.

VIGITEL; MINISTÉRIO DA SAÚDE. *Vigilância de fatores de risco e proteção para doenças crônicas por inquérito telefônico, implantado pelo Ministério da Saúde em todas as capitais dos estados.* Brasília, 2006.

VILLARD, P. Ivresses dans l'Antiquité classique. *Revue Economie et Société* (Toxicomanies: alcool, tabac, drogue), Paris, 4. trim., p. 443-459, 1988.

VOLPE, M. L. *O roteiro da memória nos grafos da borra do café.* Juiz de Fora: UFJF, 2003.

WACQUANT, L. *Punir os pobres:* a nova gestão da miséria nos Estados Unidos. Rio de Janeiro: Revan, 2003.

WERNER FALK, J. Suicídio e doença mental em Venâncio Aires-RG: consequência do uso de agrotóxicos organofosforados. In: COMISSÃO DE DIREITOS HUMANOS DA ASSEMBLEIA LEGISLATIVA DO RIO GRANDE DO SUL. *Relatório Azul,* 1996.

WORLD DRUG REPORT. 2011. Disponível em: <http://www.unodc.org/documents/data-and-analysis/WDR2011/World_Drug_Report_2011_ebook.pdf>.

Onde buscar ajuda? Endereços úteis

Listamos aqui algumas instituições de atendimento de saúde em drogas em algumas capitais brasileiras. Sugerimos também outras instituições em Recife (Programa Atitude), no Rio de Janeiro (Psicotropicus) e em São Paulo (Cebrid e Neip), onde é possível obter mais informações sobre drogas.

Belém (PA)
CAPS AD Belém. Avenida Almirante Barroso, 2362. CEP: 66094-000. Tel.: (91) 3276-0890.
CAPSI. Casa Mental da Criança e Adolescente. Avenida Alcindo Cacela, 1231. CEP: 66093-020. Tel.: (91) 3236-0399.

Belo Horizonte (MG)
CAPS AD Centro Mineiro de Toxicomania/CMT. Alameda Ezequiel Dias, 365, Santa Efigênia. CEP: 30130-110. Tel.: (31) 3273-5854. Fax: (31) 3273-5844.

Porto Alegre (RS)
CAPS AD Glória/Cruzeiro/Cristal. Rua Raul Moreira, 253, Cristal. CEP: 90820-160. Tels.: (51) 9085-0530 | 3289-5733.
CAPS AD Grupo Hospitalar Conceição. Avenida Sertório, 7170, CEP: 90010-281. Tel.: (51) 3345-1759.
GRUPO HOSPITALAR CONCEIÇÃO. Consultório. Rua Dom Diogo de Souza, 429, Cristo Redentor. CEP: 91350. Tel.: (51) 3340-1239.

Recife (PE)
CAPS AD Centro Eulâmpio Cordeiro de Recuperação Humana. Rua Rondônia, 100, Cordeiro. CEP: 50720-710. Tels.: (81) 3355-4315 | (81) 3355-4314.
CAPS AD Espaço Travessia René Ribeiro. Rua Jacira, 210, Afogados. CEP: 50770-230. Tel.: (81) 3355-3346.
CAPS AD Estação Vicente Araújo. Rua Augusto Rodrigues, 165, Torreão. CEP: 52030-180. Tel.: (81) 3355-4252.

CAPS AD Professor José Lucena. Rua Itajaí, 418, Imbiribeira. CEP: 51200-020. Tels.: (81) 3355-4256 | (81)3355-4257.
CAPS AD Professor Luiz Cerqueira (Criança e Adolescente). Rua Alvarez de Azevedo, 80, Santo Amaro. CEP: 50100-040. Tels.: (81) 3355-1516 | (81) 3355-1519.
CAPSI Professor Zaldo Rocha. Rua Castro Alves, 143, Encruzilhada. CEP: 52030-060. Tels.: (81) 3355-4307 | (81) 3355-4304.
CENTRO DE PREVENÇÃO ÀS DEPENDÊNCIAS. Avenida Domingos Ferreira, 636/405, Boa Viagem. CEP: 51011-050. Tels.: (81) 3466-1377 | 3466-0527. E-mail: <centrodeprevencao@ig.com.br>.
CENTRO DE PREVENÇÃO E REABILITAÇÃO DE ALCOOLISMO. Avenida Conselheiro Rosa e Silva, 2130, Tamarineira. CEP: 52050-020. Tels.: (81) 3355-4325 | (81) 3355-4324.
PROGRAMA ATITUDE. Centro de Acolhimento e Apoio. Rua Reverendo Antônio Gueiros, 40, Casa Amarela. CEP: 520070-610. Tel.: (81) 3228-1444. Site: <http://www.pactopelavida.pe.gov.br/programa-atitude-ajuda-reduzir-violencia-causada-pelo-consumo-de-drogas/>.

Rio de Janeiro (RJ)
CAPS AD Antônio Carlos Mussum. Rua Sampaio Corrêa, s/n, Taquara, Jacarepaguá. CEP: 22713-560. Tel.: (21) 3412-8356.
CAPS AD Centra-Rio. Rua Dona Mariana, 151, Botafogo, CEP: 22280-020. Tels.: (21) 2299-5920 | 2299-5921 | 2299-5922. E-mail: <centrarioses@hotmail.com>.
CAPS AD Júlio César de Carvalho. Rua Severiano das Chagas, 196, Santa Cruz. CEP: 23555-145. Tel.: (21) 3156-9277.
CAPS AD Mané Garrincha. Avenida Professor Manoel de Abreu, 196, Maracanã. CEP: 21741-340. Tels.: (21) 2284-6339 | 2284-6860.
CAPS AD Raul Seixas. Rua 2 de Fevereiro, 785, Encantado. CEP: 20730-451. Tels.: (21) 3111-7512 | 3111-7126.
CAPSI Eliza Santa Rosa. Rua Sampaio Corrêa, s/n, Taquara, Jacarepaguá. CEP: 22713-560. Tels.: (21) 2456-7604 | 2456-7497. E-mail: <capsiesr@ig.com.br>.
CAPSI Heitor Villa Lobos. Rua Padre Manso, s/n, Madureira. CEP: 21310-260. Tel.: (21) 3018-2201.
CAPSI Maurício de Souza. Avenida Venceslau Brás, 65, Botafogo. CEP: 22290-140 (entrada pelo Campus da UFRJ). Tel.: (21) 3873-2416.
CAPSI Pequeno Hans. Rua Dirceu, 42C, Fundos, Jardim Sulacap. CEP: 21740-440. Tels.: (21) 3357-7299 | 2457-7965 (fax). E-mail: <capsiphans@rio.rj.gov.br>.
CAPSI Visconde de Sabugosa. Avenida Guanabara, s/n, Ramos. CEP: 21030-080. Tel.: (21) 3884-9635.
NEPAD. Rua Fonseca Teles 121, 4º andar, São Cristóvão. CEP: 20940-200. Tel.: (21) 2589-3269.

PSICOTROPICUS (ONG). Centro Brasileiro de Políticas de Drogas. Sites: <http://psicotropicus.org>, <www.psicotropicus.org/cartao-usuario.pdf>.

São Paulo (SP)
CAPS AD Casa Azul Pirituba. Rua Lino Pinto dos Santos, 203, Jardim Felicidade. CEP: 05143-000. Tel.: (11) 3835-2905.
CAPS AD Centro. Rua Frederico Alvarenga, 259, Parque D. Pedro II. CEP: 01020-030. Tels.: (11) 3241-5460 | 3241-0901.
CAPS AD Ermelino Matarazzo. Rua Sampei Sato, 444, Jardim Matarazzo. CEP: 03814-000. Tel.: (11) 2943-9276.
CAPS AD Jardim Ângela. Avenida Ivirapema, 41, Parque Bologne. CEP: 04941-010. Tel.: (11) 5833-0838.
CAPS AD Jardim Lídia. Rua Gutemberg José Ferreira, 50, Jardim Lídia. CEP: 05860-070. Tel.: (11) 5513-9560.
CAPS AD Pinheiros. Rua Nicolau Gagliardi, 439, Pinheiros. CEP: 05429-010. Tel.: (11) 3816-3959.
CAPS AD Santo Amaro. Rua São Benedito, 2400, Santo Amaro. CEP: 04735-005. Tels.: (11) 5523-3566 | 5523-2864.
CAPS AD São Mateus. Rua Joaquim Gouvea Franco, 150, São Mateus. CEP: 03961-020. Tels.: (11) 2019-8143 | 2019-8146.
CAPSI Cria/Casinha. Rua Onze de Fevereiro, 318, Cidade Vargas. CEP: 04349-020. Tel.: (11) 5021-8005.
CAPSI Mooca. Rua Taquari, 549, Mooca. CEP: 03166-001. Tel.: (11) 2694-4628.
CEBRID. Centro Brasileiro de Informações sobre Drogas. Universidade Federal de São Paulo, Departamento de Medicina Preventiva. Rua Borges Lagoa, 1341, 1º andar. CEP: 04038-034. Site: <www.cebrid.epm.br>. E--mail: <cebrid.unifesp@gmail.com>.
CRATOD/CAPS AD São Paulo. Rua Prates, 165, Bom Retiro. CEP: 01121-000. Tel.: (11) 3329-4467 | 3227-5270.
NEIP. Núcleo de Estudos Interdisciplinares sobre Psicoativos. Avenida Dr. Alberto Benedetti, 444, Vila Assunção, Santo André. CEP: 09030-340. E-mail: <neipsicoativos@yahoo.com.br>.
PROAD. Programa de Orientação e Atendimento a Dependentes, Departamento de Psiquiatria/Unifesp. Avenida Professor Ascendino Reis, 763, Vila Clementino. CEP: 04027-000. Tel./fax: (11) 5579-1543.
PROSAM CAPS AD. Rua Heitor Penteado, 1448, Sumarezinho. CEP: 05438-100. Tel./fax: (11) 3862-1385.

Salvador (BA)
CAPS AD III Gey Espinheira. Estrada Campinas de Pirajá, 61. CEP: 40100-000. Tel.: (71) 9264-4969.

CAPS AD Gregório de Matos. Largo do Terreiro de Jesus, Centro Histórico. CEP: 40026-010. Antigo prédio da Faculdade de Medicina da Universidade Federal da Bahia (UFBA). Tel.: (71) 3283-5560. CAPS AD Pernambués. Rua Conde Pereira Carneiro, 271. CEP: 41100-000. Tel.: (71) 3460-1957. E-mail: <capsadpernambues@hotmail.com>. CETAD. Centro de Estudos e Terapia do Abuso de Drogas. Rua Pedro Lessa, 123, Campus Canela/UFBA. CEP: 20110-050. Tels.: (71) 3336-3322 | 3337-1187 | 3337-3177.

Índice de perguntas

Conhecimento/desconhecimento, educação e prevenção das drogas

O que eu quero saber sobre drogas? Tudo. Não quero saber nada sobre drogas. Droga é um assunto que não passa pela minha cabeça. Não sei nada... 15

Bebidas alcoólicas e cigarro são drogas? 21

Cocaína, de que é feita? Quais as diferenças de aspecto entre cocaína e sal? Quais as substâncias do crack? Qual o composto químico da merla? O que é melado? É o que resta da cocaína? 23

Crack se fuma. E maconha, se cheira? 23

De onde vem a heroína? 25

"Diga não às drogas." "Droga, nem morto." Por quê? 17

"Diga sim ao sexo seguro." Por quê? 18

Droga, o que é? A droga é uma droga? Usar drogas é prazeroso? Quando começa o prazer de usar drogas? 16

Quais as diferenças entre o tabaco e a maconha? Por que a maconha é verde? 23

Qual é a composição das drogas? Como elas se apresentam fisicamente? Como são feitas? Como identificá-las? Pelo cheiro? 20

Remédios são drogas como a cocaína... Qual a diferença entre os dois? 22

O que significa LSD? De que é feito? De que deriva? Quais as sensações sentidas por uma pessoa sob seu efeito? 55

Uma pessoa drogada doando sangue pode drogar outra que não é drogada? 123

Quando começa a prevenção? Com qual droga devemos nos preocupar mais? Quais os cuidados que devo ter para não *entrar na dança*? 131

Como é comercializada a droga? Como se adquirem drogas nas classes médias e alta da sociedade? 133

Os vendedores de drogas nos obrigam a comprar e usar? Quem vende usa droga? Qual a droga mais usada pelos traficantes? 135

Onde ficam as plantações de maconha? 135

A droga já é um problema solucionado? 138

Por que o povo é tão ignorante sobre as drogas? 38

História das drogas

Qual a origem das drogas? 31
O uso de drogas hoje é diferente do que foi no passado? 34
Como e por que a droga é tão importante? 35
A conjuntura tem a ver com o uso de drogas? 36
Como e onde a droga é produzida? Como se fabrica? 37
De onde se originam a heroína e o LSD? Por que a heroína e o LSD são tão escassos no Brasil? 39
É possível que um dia acabe o caso das drogas no Brasil ou no exterior? 45
O ecstasy é uma droga vendida só em São Paulo ou tem no Rio também? 67

Dados estatísticos sobre uso de drogas

Quais os tipos de drogas mais usadas na sociedade? Por quê? As drogas mais usadas no Brasil também são as mais comuns na Europa? Qual o país com o maior número de viciados? 59
Por que as pessoas preferem as drogas às bebidas? 61
Qual a porcentagem de jovens drogados? É verdade que a maioria dos adolescentes usa drogas? 63
Se uma pessoa começar a se drogar com 12 anos, até que idade aproximadamente ela vai viver? 65
Há mais viciados em cocaína ou em maconha? 66
O ecstasy é uma droga vendida só em São Paulo ou tem no Rio também? 67
Na faculdade, o consumo de drogas é muito alto? Por quê? 67
Qual a incidência do uso de drogas, considerando as diferentes faixas etárias? 68
Qual dos dois sexos usa mais drogas? 69
Qual a classe de pessoas que tem mais viciados? Pobres? Remediados? Ricos? Crianças que vivem nas ruas usam drogas para matar a fome? 69

Legislação brasileira sobre drogas

Como é a legislação brasileira sobre drogas? Quais são suas consequências? 72
Quais os tipos de drogas proibidas, hoje, no Brasil? Quais as diferenças entre drogas lícitas e ilícitas? 71
Qual a ligação entre fumar maconha e o crime? 24
Quanto tempo uma pessoa fica presa por porte e tráfico de drogas? Quantos anos um traficante de tóxicos fica preso? Quais são as consequências legais do uso de drogas? 75
Que tipo de problemas os viciados podem ter com a polícia? Que tipo de desgraça fazem? 78

Como se sente alguém que já traficou drogas? Como as pessoas se sentem quando se comunicam com traficantes de drogas? 79

Por que tem policial corrupto na corporação? São eles que contribuem para o uso de drogas? 79

Como os traficantes conseguem drogas? E com quem? 80

Por que o governo não toma medidas mais drásticas no combate às drogas? 75

O cidadão tem o direito de fazer o que quiser, então por que não legalizar? 81

Por que o usuário de maconha quer sempre mais? Já que é assim, por que não liberar? 77

Quais leis existem para nos proteger das drogas (contra a legalização de drogas como a maconha)? 76

Quais serão os problemas que teremos se houver a legalização das drogas? O que pode ser feito para que o Brasil e os demais países acabem com esse negócio da legalização das drogas? Se não se pode fazer nada, imaginem como vai ficar o mundo cheio de drogados... 82

Efeitos e danos decorrentes do uso de drogas

A droga é prejudicial à saúde? Por que algumas pessoas usam drogas mesmo sabendo que fazem mal? O jovem que consome drogas realmente desconhece os danos que elas causam? 26

O que a droga faz no organismo de uma pessoa? É verdade que a droga mexe com o sistema nervoso das pessoas? Por que, quando as pessoas usam drogas, elas ficam fora de si, começam a falar nada com nada? Quais são os efeitos colaterais que as drogas provocam no organismo? Quais realmente são os males que a droga traz? 47

Droga afeta o coração? 93

A droga pode causar deficiência física? Há alguma consequência irreversível, neurológica ou psicológica? 94

Qual a diferença entre primeira vez, uso e vício? Um primeiro cigarro de maconha já vicia? Qual a sensação que se tem ao usar drogas? A personalidade influencia o uso de drogas? Se a pessoa não tem condições de comprar drogas, como ela se sente? 25

Existe alguma droga que faça menos mal? Quais os tipos perigosos? 28

Quais as sequelas que podem ter as pessoas usuárias das drogas ilícitas? 92

As drogas podem causar alucinações? Por que elas alucinam? 52

O que a cocaína tem para alterar nosso organismo? O crack pode trazer alucinações? Quanto tempo demora para se viciar em crack? Certas pessoas nas escolas usam crack para estimular o *bullying*? Existe clínica especializada em viciado em crack? 50

A heroína é para ingerir? Qual o efeito sobre a mente humana? Como a pessoa fica depois de ingerir heroína? 54

Que influência tem o xarope, o chá de cogumelo? 54

O que significa LSD? De que é feito? De que deriva? Quais as sensações sentidas por uma pessoa sob seu efeito? 55

Qual o efeito que o ecstasy provoca durante e após o uso? 55

Por que as pessoas se viciam? Quais drogas causam dependência e qual o grau de dependência de cada uma? 85

Por que os adolescentes se viciam? O que pretendem com isso? Em quanto tempo a pessoa começa a virar dependente? 64

Quais as doenças decorrentes do uso de drogas, os problemas mais e menos sérios de saúde que um viciado pode ter? A Aids também vem pelas drogas ou só pelas relações sexuais? Podemos pegar outras doenças pelo uso de drogas sem ser Aids? 91

Que tipo de influência o pico causa em nosso organismo? Agulhas transmitem doenças? O que o pico faz no corpo? Como podemos nos prevenir logo após o pico, nos casos de arrependimento? Quem consome droga pela veia tem mais dificuldade de deixá-la? 95

Quais os antidepressivos, calmantes ou relaxantes mais perigosos? Remédios como soníferos e antidepressivos viciam? 89

O que vicia mais rápido, a maconha ou o cigarro? 87

Várias mídias afirmam que não há como se livrar do vício do crack, pois essa droga é muito forte e causa dependência em muito pouco tempo. É verdade? 90

Maconha mata os neurônios? Maconha queima mesmo os neurônios? 93

O que causa um mal maior nas pessoas ou em seu organismo: maconha ou cocaína? 53

Usar várias drogas ao mesmo tempo, misturar, faz mal? O que acontece se misturar vários tipos de drogas? 100

A droga mata? Toda pessoa que usa drogas em excesso morre? Como e em quanto tempo as drogas matam as pessoas? Qual droga mata mais? O crack mata mais ou menos? Com quanto tempo de uso? Se uma pessoa fuma maconha e passa para o LSD, ela pode morrer? Qual tipo de droga mata primeiro, a injetável ou o cigarro? 100

Como você se sente vendo uma pessoa drogada sem poder ajudar? 101

Em quanto tempo a maconha, a cocaína, o crack e a merla saem do organismo? 56

Qual a diferença de aspecto entre um drogado e um bêbado? Como posso diferenciar uma pessoa que está drogada de um bêbado? 56

Sexo é melhor com drogas? Em termos de relações sexuais, o homem e a mulher ficam incapacitados se usam drogas? O uso de drogas influencia o desempenho sexual de um jovem? Quantas ereções um adolescente drogado pode ter? A droga estimula ou inibe o sexo? O sexo anal tem contraindicação para quem usa drogas? 96

O que a droga provoca no organismo de uma mulher grávida? Que mal pode realmente causar se a menina viciada estiver grávida? As drogas podem prejudicar a gravidez? Mulheres grávidas que usam drogas podem perder o bebê? Os filhos dos maconheiros nascem com defeitos? A mulher grávida e fumante pode perder o filho por excesso de drogas? O leite materno pode ficar envenenado pelas drogas? 97

Nem sempre os dependentes de drogas matam ou fazem algo parecido, sem pensar. Como se pode saber isso? Por que as pessoas que usam drogas ficam violentas? 57

Quando as pessoas usam drogas, elas podem ficar endemoniadas? Como ficam os planos de futuro delas? As pessoas viciadas podem ter reações perigosas? 30

Motivações de uso

Por que as pessoas escolhem as drogas como solução? A droga é a solução de algum problema? 19

Qual a relação de droga com cultura? 33

A TV influencia a dependência ao mostrar como e onde encontrar drogas? 41

Dizem que os grupos de rock geralmente se drogam, mas como então nos shows eles se lembram tão bem das músicas inteiras? Por que se diz que os músicos de rock usam drogas? 43

Muitos jogadores de futebol usam drogas? A maconha pode ser identificada no teste de antidoping? 43

Como as pessoas começam a usar drogas? Como é o processo que leva as pessoas a usá-las? 61

Que fatores levam os adolescentes a se drogar? Querem esquecer, fugir da realidade, escapar dos problemas que os cercam? Será que a droga resolve o problema deles? As pessoas se drogam por causa da repressão familiar? Ou por influência do grupo? 62

Por que os adolescentes se viciam? O que pretendem com isso? Em quanto tempo a pessoa começa a virar dependente? 64

Relação social (família, escola/universidade, trabalho)

Por que a sociedade discrimina quem usa drogas? Por que dependentes que já largaram o vício são recusados em empregos? 40

Qual a reação dos pais quando seus filhos usam drogas? Por que os pais do drogado colocam a culpa do vício no usuário? Quem usa drogas tem sempre uma relação ruim com a família? É difícil para uma pessoa dependente de drogas se comunicar com os pais? Só as pessoas que têm família *jogada* é que vão para o mau caminho? 29

Como as universidades reagem quando estudantes, professores, funcionários usam drogas? Os professores, os colegas ajudam? 136

O que dizer sobre ex-drogados que, com sua luta e o apoio dos amigos e familiares, conseguiram sair do ramo das drogas? E sobre ouvir desses amigos como agiram para ajudar esse amigo? 137
Outro dia acordei com vontade de beber, mas foi só naquele dia. Tenho alcoólatra na família. Posso ser alcoólatra também em decorrência disso? 88
Como se conseguem drogas nas escolas? É fácil achar drogas? 44

Ponto de vista de quem usa drogas

O que você acha da droga? O que é a droga para você? 103
Você experimentou drogas? Ainda usa? Por quê? 104
O que você pensa das pessoas que usam drogas? 105
As pessoas que usam drogas têm consciência do que estão fazendo? 106
Por que as pessoas querem estragar suas vidas com drogas? 106
Como você se sente vendo hoje pessoas drogadas como você já foi? 107
Como um drogado reage quando é atendido por um especialista? Como chegar ao local onde se lida com drogados? 107
Como lidar com as pessoas que lhe empurram drogas? Se aquela pessoa que é nossa amiga do peito tem coragem de nos oferecer uma droga, o que devemos fazer? Quando uma pessoa está no meio de amigos e alguém propõe uma droga, como dizer não? 107
Como é a vida de um viciado em maconha? 108
O que os drogados são capazes de fazer para conseguir drogas? 109
Como os drogados se relacionam com os amigos em geral? Como fica a relação de quem usa drogas com os amigos que não usam? Quem fuma maconha só de vez em quando consegue ser amigo de quem fuma o tempo todo? 109
Você tem algum parente ou amigo de infância envolvido com drogas, viciado? Você conhece a experiência de alguém que se viciou? 109
Você já foi dependente de alguma droga? Você tem namorado(a)? 110
Você sabe de alguma desgraça que aconteceu com quem se viciou? 111
Você conhece alguém que teve problema com a polícia por causa de drogas? 112
O que você diria aos jovens sobre o uso de drogas? 113

Tratamento da dependência de drogas

Qual droga leva mais pessoas a se tratar? 115
Como uma pessoa se sente ao encontrar pela primeira vez um drogado? 115
O que devemos fazer se conhecemos uma pessoa envolvida com drogas? 116
Como as pessoas explicam como se drogaram pela primeira vez? 116

O drogado aceita se tratar? Como convencer um drogado a se tratar? 116

Como se sente alguém que já foi dependente de alguma droga? Como se sentem os viciados após perderem a dependência das drogas? 119

Qual o tipo de tratamento adequado? Quanto tempo demora um tratamento para sair das drogas? Onde se encontram os centros de tratamento de reabilitação para drogados? É grátis? Além das clínicas de reabilitação e do processo de desintoxicação, que outros tratamentos existem? 98

Quais tratamentos existem para os viciados? Qual o melhor tratamento? Quais instituições ajudam? Quanto tempo leva um tratamento? 117

Algum viciado em drogas já parou de usar? Só com tratamento? Com mais de cinco anos de uso de drogas, é possível uma pessoa ficar totalmente curada? 88

O tratamento de um viciado é difícil? Todos que têm força de vontade conseguem se livrar das drogas? 121

É possível largar as drogas depois de um longo período de viciado? Depois de quantos anos de vício é impossível alguém ser curado? 122

Quais as chances e qual o melhor tratamento aos viciados em LSD? 121

Por que uma pessoa se interessa em trabalhar com drogas? Quem trabalha com drogados gosta desse trabalho? É difícil trabalhar com drogados? 124

Quando você foi chamado para trabalhar com drogados, ou se candidatou, passou por sua cabeça seu possível envolvimento com drogas? As pessoas que lidam com dependentes têm medo deles? 125

Como você se sente vendo uma pessoa drogada na sua frente sem poder fazer algo para que ela se livre do vício? 125

Você, que trabalha com isso, já teve alguma experiência com drogas? Você já foi um drogado? 126

Uma pessoa que trabalha com dependentes de drogas pode fumar? 127

Como se sentem as pessoas que trabalham com dependentes de drogas? Você se sente bem cuidando de drogados? Como eles reagem? 127

No lugar de tratamento de drogados acontecem agressões? Você já presenciou ou soube de alguma agressão institucional contra os dependentes? 119

Quando as pessoas estão internadas para tratamento e recebem visitas, estas têm como levar drogas para elas? 120

Como nos sentimos ao livrarmos uma pessoa do mundo das drogas? 128

Nos centros de atendimento, como as pessoas se sentem quando estão ao lado de um drogado, tendo a responsabilidade de tentar curá-lo? E como eles se sentem? Quantos drogados já foram ajudados por você? 128

Que idade devemos ter para poder trabalhar com dependentes de drogas? 129

Um viciado em recuperação pode morrer? 123

As pessoas podem se recuperar indo à igreja? 30

Locais de tratamento da dependência de drogas. 147-150

Ponto de vista de profissionais que tratam da dependência de drogas

Qual droga leva mais pessoas a se tratar? 115

Como uma pessoa se sente ao encontrar pela primeira vez um drogado? 115

O que devemos fazer se conhecemos uma pessoa envolvida com drogas? 116

Como as pessoas explicam como se drogaram pela primeira vez? 116

O drogado aceita se tratar? Como convencer um drogado a se tratar? 116

Quais tratamentos existem para os viciados? Qual o melhor tratamento? Quais instituições ajudam? Quanto tempo leva um tratamento? 117

Como se sente alguém que já foi dependente de alguma droga? Como se sentem os viciados após perderem a dependência das drogas? 119

No lugar de tratamento de drogados acontecem agressões? Você já presenciou ou soube de alguma agressão institucional contra os dependentes? 119

Quando as pessoas estão internadas para tratamento e recebem visitas, estas têm como levar drogas para elas? 120

Quais as chances e qual o melhor tratamento aos viciados em LSD? 121

O tratamento de um viciado é difícil? Todos que têm força de vontade conseguem se livrar das drogas? 121

É possível largar as drogas depois de um longo período de viciado? Depois de quantos anos de vício é impossível alguém ser curado? 122

Um viciado em recuperação pode morrer? 123

Uma pessoa drogada doando sangue pode drogar outra que não é drogada? 123

Por que uma pessoa se interessa em trabalhar com drogas? Quem trabalha com drogados gosta desse trabalho? É difícil trabalhar com drogados? 124

Quando você foi chamado para trabalhar com drogados, ou se candidatou, passou por sua cabeça seu possível envolvimento com drogas? As pessoas que lidam com dependentes têm medo deles? 125

Como você se sente vendo uma pessoa drogada na sua frente sem poder fazer algo para que ela se livre do vício? 125

Você, que trabalha com isso, já teve alguma experiência com drogas? Você já foi um drogado? 126

Uma pessoa que trabalha com dependentes de drogas pode fumar? 127

Como se sentem as pessoas que trabalham com dependentes de drogas? Você se sente bem cuidando de drogados? Como eles reagem? 127

Como nos sentimos ao livrarmos uma pessoa do mundo das drogas? 128

Nos centros de atendimento, como as pessoas se sentem quando estão ao lado de um drogado, tendo a responsabilidade de tentar curá-lo? E como eles se sentem? Quantos drogados já foram ajudados por você? 128

Que idade devemos ter para poder trabalhar com dependentes de drogas? 129

Índice de temas

abstinência, 18, 26, 30, 53, 63, 73, 86, 88, 99, 108, 118, 128, 131, 139

Aids, 35, 51, 91, 92, 95, 98, 101

álcool, 12, 13, 15, 18-21, 27-29, 31, 34, 36, 37, 39, 42, 44, 48, 50, 52, 53, 57, 60-64, 66-69, 71, 73, 78, 82, 83, 87-89, 93, 94, 97, 99-102, 104-106, 108-111, 115, 124, 125, 131, 132, 140, 142

alcoolismo, 21, 33, 50, 65, 97, 123

agrotóxicos, 15, 17, 21, 24, 49, 50, 133

alucinações, 50, 52, 53, 55, 90, 93

anfetaminas, 60, 69, 94

anticolinérgicos, 53

antidepressivos, 20, 89

atendimento de saúde em drogas, 52, 98, 99, 115, 117, 125, 127, 128, 136, 147

calmantes, 48, 89

Centros de Atendimento Psicossocial em Álcool e Drogas (CAPS AD), 52, 99, 107, 118, 120

circulação de drogas, 11, 13, 22, 38, 121

cocaína, 12, 16, 20, 22, 23, 27, 33, 35, 37, 38, 42, 44, 48-51, 53, 56, 57, 60, 61, 64-67, 69, 71, 74, 82, 86, 90, 92-95, 100, 105, 108, 110, 111, 113, 115, 124, 132, 134, 138, 139

cogumelo, 53, 54

combate/guerra às drogas, 8, 9, 70, 74, 75, 80, 83, 136, 140

comércio de drogas, 12, 13, 18, 22, 28, 33, 37, 38, 45, 64, 72-74, 76-78, 81-83, 103, 123, 133-136

composição das drogas, 15, 20, 23, 24, 32, 38

conjuntura, contexto, 8, 15, 25-27, 36-40, 42, 52, 53, 57, 63, 66, 85, 87, 90, 96, 101, 115, 126, 133, 134, 136, 141

consumo de drogas em outros países, 32-34, 36, 39, 40, 51, 60, 66, 82

corrupção e drogas, 77, 79, 80, 82, 83

crack, 16, 20, 23, 38, 50-53, 56, 60, 61, 64, 65, 68, 69, 78, 86, 90-92, 95, 100, 101, 115, 117, 124, 134, 139, 140

cura da dependência de drogas, 52, 88, 107, 115, 119, 122, 126, 128

danos à saúde, 7, 15, 17, 18, 20, 24, 26-30, 35, 39, 42, 43, 47, 54, 65, 66, 71, 73, 87, 89, 90, 96, 98, 100, 133

definição de drogas, 16, 19, 103

dependência de drogas, 26, 29, 30, 41-43, 49, 51, 52-54, 63-67, 85, 86, 88-92, 96, 99, 103, 108, 110, 115-119, 121, 122, 124-129, 132, 137, 139, 141 desconhecimento e conhecimento do que sejam as drogas, 7, 15-17, 19-23, 25, 28, 30, 72

discriminação decorrente do uso de drogas, 13, 40-43, 105, 109, 113, 117, 124, 128, 138, 139

doação de sangue por quem usa drogas, 123

drogas e *bullying*, 50, 51

drogas e cultura, 12, 19, 21, 29, 31-36, 40, 55, 62, 65, 73, 87, 116

drogas e perigo, 7, 17, 18, 20, 24-30, 39, 41, 47, 48, 65, 66, 73, 87, 89, 90, 96, 98, 100, 133

drogas lícitas e ilícitas, 17, 44, 48, 62, 71, 72, 77, 78, 83, 85, 97, 123, 126

educação e drogas, 9, 13, 43, 132, 133, 140, 142

educação para a autonomia, 52, 117, 121, 122, 128, 132, 133

efeitos do uso de drogas, 7, 11, 21-25, 28, 33, 39, 40, 43, 47, 48, 54, 55, 61, 68, 89, 90, 92, 95-97, 100-103

esperança de vida e uso de drogas, 38, 97

erradicação das drogas, 18, 22, 35, 132

experiências pessoais de uso de drogas, 12, 43, 54, 103-113, 117, 118, 124, 138

ecstasy, 21, 33, 53, 55, 67, 86,102

gravidez e uso de drogas, 48, 89, 94, 97, 98

haxixe, 20, 24, 82

heroína, 12, 16, 25, 33, 35, 37, 39, 40, 54, 71, 82, 138

legalização das drogas, 43, 76, 82, 83, 140

legislação sobre drogas, 27, 28, 37, 38, 41, 45, 66, 72, 139

lírio, 53

locais de tratamento da dependência de drogas, 147-150

LSD, 16, 21, 33, 39, 40, 53, 55, 100, 101, 121

maconha, 16, 20, 23-25, 27, 31, 32, 35, 37, 43, 44, 52, 53, 56, 60, 64, 66-69, 71, 74, 76-78, 82, 86, 87, 93, 100-106, 108-111, 113, 124, 132, 135, 136, 138, 140

medidas de urgência e overdose, 54, 73, 95, 100, 101, 102

merla, 23, 38, 56 ,60, 64, 69, 92

mescalina, 52

mídia e drogas, 12, 90, 109, 139

mortalidade e drogas, 66, 94

motivações de uso de drogas, 16, 19, 24, 26, 34, 41, 44, 51, 63, 104, 106, 124,

motivações para trabalhar no atendimento de saúde a drogas, 124

orientação aos jovens, 17, 29, 52, 68, 116

origem das drogas, 24, 31, 55

overdose, 54, 73, 95, 100, 101, 102

personalidade e drogas, 12, 24-26, 28, 58, 61, 65, 121, 122, 125

política de drogas e soluções, 8, 9, 13, 17, 18, 22, 27, 35, 64, 70, 71, 73, 75, 78, 131, 132

ponto de vista de profissionais de saúde especializados, 115-130

ponto de vista de quem usa/já usou drogas, 103-113

prazer e uso de drogas, 15-19, 26, 32, 33, 37, 39, 43, 54, 56, 59, 61, 63, 65, 67, 85, 86, 89, 95, 103-105, 118, 119, 121

preconceito e drogas, 9, 13, 18, 40-43, 85, 93, 105, 109, 113, 117, 124, 128, 138, 139 prevenção do uso de drogas, 9, 13, 17, 18, 21, 22, 28, 70, 131-134, 137

prevenção dos riscos e danos, 96

primeira experiência de drogas, 17, 19, 21, 25, 26, 53, 54, 61, 65, 66, 68, 73, 90, 104, 132

problemas com a polícia e drogas, 78, 105, 106, 112, 113

produção, venda e consumo de drogas ilícitas, 12, 13, 15, 21, 22, 24, 27, 31, 36, 37, 40, 45, 66, 72-74, 76-78, 81-83, 134, 135

proibicionismo, 39, 70, 140

publicidade comercial de drogas, 34, 35, 42

reação da família e dos amigos ao uso de drogas, 28, 29, 42, 60, 62, 63, 65, 78, 88, 91, 104, 105-109, 111, 112, 116, 118, 121, 122, 139

reação dos professores ao uso de drogas, 11, 13, 16, 18, 45, 136, 142

reações adversas pelo uso associado de várias drogas, 100

reações perigosas e uso de drogas, 30

redução de danos, 18, 115, 127, 140

relação com o tráfico de drogas, 18, 42, 75, 78, 91, 106, 112, 113

religião e recuperação da dependência, 63, 99, 118, 122

remédios, 15, 17, 22, 27, 28, 33-35, 42, 48, 85, 89, 98, 104, 132, 135

riscos de uso associado de várias drogas, 100

sexo e drogas, 62, 69, 96, 97

síndrome de abstinência, 26, 53, 58, 63, 86

solventes, 23, 28, 49, 60, 62, 64, 66, 67, 69, 132, 135

substâncias tóxicas no local de trabalho, 133

tabaco, 12, 13, 15-17, 20-24, 28, 34, 36, 37, 39, 42, 50, 60, 61, 64-69, 71, 73, 76-78, 82, 83, 86, 87, 93, 94, 98, 100, 101, 104, 108, 125-127, 131, 132, 134, 140, 142

tempo de pena, prisão por porte e tráfico de drogas, 75

tempo de permanência das drogas no organismo, 30, 56

tipos de uso de drogas, 25

tráfico de drogas, 75

tratamento da dependência de drogas, 52, 85, 88, 118

uso de drogas entre profissionais da rede de atendimento a drogas, 107, 115, 126, 127

uso de drogas na universidade, 136,

uso de drogas no Brasil, 21, 27, 31, 32, 34, 38-40, 49, 51, 54, 59-61, 63-69, 131

uso de drogas no passado, 13, 16, 21, 27, 32, 34, 37, 39, 87

uso de drogas por classe social, 40, 69, 133

uso de drogas por faixa etária, 61, 64, 65, 68, 110, 111, 122

uso dependente, 21, 61, 64

uso injetável de drogas, 92, 95, 96, 98, 100

uso involuntário de drogas, 17, 21, 50, 60, 133

uso social, 53

vício, 25, 29, 37, 40, 90, 104, 109, 122, 125

violência e drogas, 7, 15, 33, 37, 41, 57, 73, 74, 91

violência nos locais de produção e venda de drogas, 45, 61, 73, 74

violência nos locais de tratamento do uso de drogas, 119

xarope, 54

Autores

Gilberta Acselrad (org.) Mestre em educação pelo Instituto de Estudos Avançados em Educação da Fundação Getulio Vargas (Iesae/FGV). Coordenadora de cursos de extensão universitária na área de drogas na Universidade do Estado do Rio de Janeiro (Uerj) de 1986 a 2011. Organizadora do livro *Avessos do prazer: drogas, Aids e direitos humanos* (1. ed. Rio de Janeiro: Fiocruz, 2000; 2. ed. 2005). Coordenadora da área de Saúde Pública e Direitos Humanos da Flacso-Brasil.

Flavia Pfeil. Psicóloga, mestre em psicologia clínica pela Pontifícia Universidade Católica do Rio de Janeiro (PUC-Rio), psicóloga da educação da Prefeitura Municipal de Paraty, coautora dos artigos "Formação em psicologia e segurança pública" (In: *Formação*: ética, política e subjetividades na psicologia. Rio de Janeiro: CRP-RJ, 2010) e "Pedagogia do envolvimento: em busca do *outro*" (*Revista Polêmica*, Rio de Janeiro: Uerj, v. 11, n. 1, 2012).

Maria Lucia Karam. Juíza de direito aposentada do Tribunal de Justiça do Estado do Rio de Janeiro e ex-juíza auditora da Justiça Militar Federal. Membro da diretoria da Law Enforcement Against Prohibition (Leap) e presidente da Associação dos Agentes da Lei contra a Proibição (Leap Brasil). Membro do conselho consultivo da Students for Sensible Drug Policy (SSDP). Membro do Instituto Carioca de Criminologia e da Associação Juízes para a Democracia. Autora do livro *De crimes, penas e fantasias* (2. ed. Rio de Janeiro: Luam, 1993) e da coletânea *Escritos sobre a liberdade* (Rio de Janeiro: Lumen Juris, 2009), entre outras obras.

Sergio Alarcon. Médico psiquiatra, doutor em Ciências/Saúde Pública pela Escola Nacional de Saúde Pública Sérgio Arouca, da Fundação Oswaldo Cruz (ENSP/Fiocruz). Professor do curso de Atualização para Atenção ao Uso Prejudicial de Álcool e Outras Drogas (EPSJV/Fiocruz) e consultor de Saúde Mental da SMS do Rio de Janeiro para o eixo Álcool e Outras Drogas. Coorganizador do livro *Álcool e outras drogas, diálogos sobre um mal-estar contemporâneo* (Rio de Janeiro: Fiocruz, 2012). Pesquisador sênior da área de Saúde Pública e Direitos Humanos da Flacso-Brasil.

Rita Cavalcante. Assistente social, doutora em serviço social pela Universidade Federal do Rio de Janeiro (UFRJ), na qual é professora adjunta da Escola de Serviço Social. Autora do capítulo "Políticas públicas e a centralidade da família: implicações para a assistência na área de álcool e outras drogas" (In: ALARCON, S.; SOARES JORGE, M. A. (Org.). *Álcool e outras drogas*: diálogos sobre um mal-estar contemporâneo. Rio de Janeiro: Fiocruz, 2012).